ラトナ サリ デヴィ・スカルノ

デヴィ・スカルノ回想記

栄光、無念、悔恨

Memoirs of Ratna Sari Dewi Sukarno

1959年　大統領官邸にて。

草思社

＊　本書では基本的に敬称を略させていただきました。予めご了承ください。
＊　本書に掲載した写真はすべて著者からの提供によるものです。

娘カルティカ・サリ（カリナ）の初めてのクリスマス、パリの自宅にて。1967年

サブラン公爵と。後方にサリナ。ドレス/クリスチャン・ディオール

サンモリッツ・スキー場にて。アプレ・スキー/ハナヱモリ

ヘリコプターで パーティに。
アスコット競馬場。
ドレス/君島一郎
帽子/ポーレット

エルゼアとの婚約時代。
パリの自宅にて。
ドレス/マダム・グレ
髪飾り / ポーレット

ギー・ブルゴスと。パリにて。ドレス/ギ・ラロシュ

ロンシャン競馬場。ドレス/オディチーニ　帽子/ジャン・バルテ

パキスタン、ベナジール・ブット首相を 娘 カリナと訪ねて。イスラマバード首相官邸にて。

娘カリナと。サン・トロペにて。4枚とも、デイヴィッド・ハミルトン撮影

「メルヘン」がテーマの宮廷仮装パーティ。パリにて。左、ジャクリーヌ・ド・リーブ伯爵夫人、右、美容家アレグザンダー・ゾアリ。

「おとぎ話」がテーマの宮廷仮装パーテ
パリにて。1970年代

インドネシアにて。1980年代

アラン・ポラックと。後方にあるのは 私の肖像画。
ニューヨーク、ランド・マーク・コープの自宅にて。
ドレス/オスカー・デ・ラ・レンタ

パリのグランドホテルにて。1990 年代

左、フィリピン大統領夫人 イメルダ・マルコス、
右、イランの ファラ・パーレビ王妃。
ニューヨークにて。ドレス／君島一郎

ル・サークでの 還暦祝賀パーティーにて。
大きなエメラルドのセットを付けて。ドレス/ユキ・ヤオ

後列右、イリナ・マジョーレ夫人．
前列左、女優アーレン・ダール、
前列右、女優ポーリン・パウエル。
ニューヨーク、ランド・マークの自宅にて。

大磯ロングビーチのプールにて。

クアラルンプールの マレーシア国王宮殿にて。
ネグリ・センビラン国王の お誕生日のパーティーに 招かれて。

ニューヨーク、リッツ・タワーの自宅にて。1988年

カリナ18歳の誕生日。パリにて。1985年

エルメス主催のプリ・ド・ディアンヌ賞。シャンティーユ競馬場。YOGIと。
クリスティーズで落札した 大粒の真珠をつけて。

左、ジャカルタの邸宅にて。1999年

古稀の宴、
ウエスティンホテル東京にて。
2010年2月6日
下の写真、ドレス／ユキ・ヤオ

デヴィ・スカルノ回想記

栄光・無念・悔恨

この本を、愛する亡き母、弟、
そして、敬愛する亡きスカルノ大統領に
捧ぐ

デヴィ・スカルノ回想記　目次

第1章　少女時代　13

第4章　九・三〇事件　133

第5章 出産 169

第6章　スカルノの死　185

第7章 新たな恋——フランスでの生活 219

第8章 再びインドネシアへ 235

第1章　少女時代

空襲の記憶

真珠湾攻撃に先立つ一年前、昭和十五年（一九四〇年）二月六日、私は東京都港区麻布霞町八番地（現在の西麻布）に生まれた。

前の年一九三九年九月、ドイツのヒトラーによって第二次世界大戦の口火が切られた。後にイタリアがこれに加わり、全ヨーロッパが戦争に巻き込まれた。この頃、日本はＡＢＣＤ（アメリカ、ブリテン＝英国、チャイナ、ダッチ＝オランダ）包囲陣によって取り囲まれ、北方からはソ連が日本を脅かしていた。石油、鉄鋼、ゴム、ボーキサイトなど資源のない日本は経済制裁を受けて存立の危機に瀕していた。こうしたなか、政治家と軍人たちは自存自衛のため戦争に踏み切らざるを得なかったのだと思う。

アメリカに勝つためには奇襲しかなかった。当時ハワイにはアメリカ艦隊の主力が集結しており、これを撃滅できればアメリカは八カ月は立ち遅れ、日本も大国アメリカに勝てるかもしれなかった。そのために日本は宣戦布告もなしに、昭和十六年（一九四一年）十二月八日（現地時間十二月七日・日曜日）、ハワイのパールハーバーを攻撃したのである。こうして日本は第二次世界大戦に突入した。

アメリカ国民はこの奇襲に対して、許されざることとして憤激し、公式に第二次世界大戦に参戦することになる。

開戦から三年たった昭和十九年十一月から、私たちの家があった東京はＢ29爆撃機に何度も襲われるようになった。

悪魔のうめきとでも言うべきあの空襲警報のサイレンの音、幾重にも交差する探照灯に照らされたＢ29の、ナイフでかき切ったような姿が闇夜にくっきり浮かび上がったのを鮮明に覚えている。

青山墓地に掘られたいくつかの防空壕に、警報が鳴ると避難した。その湿った空気、恐怖に身を縮めながら聞いた、したたり落ちる水の音……。私が知った初めての言葉はＢ29であり、私が知った初めての感情は恐怖だった。

私が四歳頃のことである。

幼い頃の私の記憶のなかで、障害をもつ母と小さな弟をつれて逃げまわった空襲の思い出は、ひときわ鮮明にまぶたに焼き付いている。

信心深い大工の棟梁であった私の父は、厳格で義侠心に厚く、当時の大工や鳶職がそうであったように、住民と助け合い、町内の消防の仕事に携わっていた。

度重なる空襲を逃れて私たちが疎開している間も東京に残りつづけた父は、火を消そうと屋根に上り、足に大火傷を負った。また、どこからかまわってきたメチルアルコールを飲んで視力を落としていた。一緒に飲んだ友人のなかには命を落とした人もいたので、まだ不幸中の幸いだったのかもしれない。

昭和二十年五月二十五日、皇居と港区一帯はB29による大空襲に見舞われ、このときわが家の近くも焼かれたのだったが、霞町の一部は奇跡的に焼失を免れた。

疎開

父を除く私たち、母と弟と私はこの五月二十五日の大空襲の前に、たびたびの空襲を逃れて、福島県浪江に疎開していた。そこは母の故郷ではなかったが、母の兄が移り住んで自動車修理工場をやっていたのだった。疎開先が農家ではなかったので、戦争末期のひもじさは尋常ではないなかで、親子三人肩身の狭い毎日だった。

だが、空襲を逃れて行ったそのあたりにまで、米軍の空襲は私たちを追いかけてきた。今度は襲ってきたのはB29ではなく、艦載機である。空襲警報が鳴ると、東京のように家の近くに掘った防空壕に逃げ込むのではなく、山に近い川辺の竹やぶまで走って身を隠すのだった。母は関東大震災で足を悪くしていた。ふだんから、それこそ上半身を四五度くらいに曲げないと一歩一歩進めない状態だったので、橋を渡り田んぼを横切って畑を一目散に駆け抜けて竹やぶまでたどり着くのは、それはそれは大変なことだった。一緒に走る私たちも、心臓が破裂して息ができなくなるような感じだった。

ある日、そうやってやっとの思いで竹やぶにたどり着くと、村の人たちがこっちへ向かって「入ってくるな!」と叫んでいた。それでも飛び込んでいった私たちに対し、一難去ったあとの村びとたちは血相を変えて、

「入ってくるなと言ったのに、何で来るんだ?」

「もったらもったら走っていて敵機に見つかって、この竹やぶが集中攻撃にあったら、皆がおまえたちのために死ぬんだぞ」

と攻撃の矢を激しく向けてきた。

母は地べたにおでこをこすりつけるようにして平謝りに謝っていた。

村の人たちが興奮して母に手を掛けようとしたとたん、私は思わず、「来ちゃダメ!」と叫んで両手を広げて物凄い剣幕で母をかばった。その時からすでに、この障害を持った母や弟は、私が守らなければならないのだと子供心に感じていたようだ。今思えば、その時の幼子の心にしみこんだ痛みが、その後十数年して私を遠い南の国へと旅立つ決意をさせたひとつの要因になった

のだと思う。

焼け野原の東京

昭和二十年八月十五日、終戦になると、ぎゅうぎゅう詰めの汽車に母は山ほどかぼちゃを背負って乗り込み、私と弟を連れて疎開先から東京へ戻った。当時私は五歳になっていた。上野駅に着くと、地下道は浮浪者や浮浪児であふれていた。薄暗く異臭のするなかで、彼らは横になり、うごめいていた。

私は母の手をぎゅっと握りしめながら、一刻も早くそこを通り抜けたかった。その時、誰かが私の赤いおべべの袖を引っ張った。恐ろしくて声も出せずに振り返ると、私と同い年ぐらいの子供だった。その子は「何かちょうだい」と目で訴えてきた。親にはぐれてしまったのか、この子には親がいない。私にはまだ親があるという安堵感のようなものが胸中を走った。

この時の経験から、私は常に自分より不幸な人を思い、自らの悲しみを振り切ってきた。

私たちは、当時はまだ一つしかなかった地下鉄、今でいう銀座線で青山一丁目まで出た。これもぎゅうぎゅう詰めの地下鉄のなかでちょっとしたハップニングがあった。途中からすらりとしたＧＩが三人乗ってきた。その頃、ほとんどの日本人はまだ外人など見たことがなかった。びっくりして皆スーッと身をずらしていったので、三人のＧＩの周囲はがらがらになってしまった。その時ＧＩの一人が突然私のことをすくいあげて抱きしめた。母は半狂乱のようになって

「誰か助けて」とわめいていたが、まわりの人たちは知らん顔である。そして、そそくさと降りる人が降りたあと、GIの一人が長い足を使ってドアをふさいだものだから、ホームにいた乗客は恐れをなして誰も入ってくることができなかった。

そのうち地下鉄は次の駅に着いた。何人かがあわてて降りていったが、新たにこの車両に乗ろうとする人はいない。またその次の駅でも同じことが繰り返され、私たちの乗っていた車両はだんだんすいていって楽になってきた。私を抱いたGIは別に危害を加えるでもなく、ただあやしてくれた。その間私は彼の耳や髪の毛をさわったりしていたそうだ。彼らが私を床におろして地下鉄を降りていくと、周囲の乗客たちが寄って来て、「お嬢ちゃんのおかげで車両がすいて楽になったよ」と言ってくれたので母は鼻高々だったという。

そんな幼い時に外人とフィジカルな「ふれあい」をしたことが、もしかするとその後、外国人に対して違和感を感じないで自然に彼らのなかに入っていける下地になっていたのかもしれない。

青山一丁目で降りて、信濃町から天現寺橋の方へ向かう都電に乗って霞町へたどり着いた私たちが目にした光景は、それはそれはショッキングなものだった。霞町から日赤病院下と笄《こうがい》町へ続く道の両側は一面の焼け野原だった。焼け出されたあとには焼けたトタン屋根の小屋が建てられている。今の六本木や麻布の町並みからは想像できないような光景だった。そんななかで私たちの二階建ての家は幸い焼け残っていた。

その頃はとにかく食べものがなく、たとえお金があっても、主食は国から配られた食糧配給の通帳を持っていかなければ買えなかった。それで多くの人たちは、東京近郊の農村へいわゆる「買い出し」に行くのだが、私たちの家では母の足が悪いので、小さな小学生の私が行くしかなかった。配給品以外のものを購入することは闇取引であり、本当は禁止されていたのだが、そんなことを言っていたら餓死してしまう。

私は千葉からくる闇屋の小母さんたちにくっついて、一緒に列車に乗って買い出しのために毎週末に千葉まで行ったものだ。一家を背負っているのは私だという自覚がその頃からあったのだ。リュックサックにいっぱいのお米やお芋やとうもろこしを買って帰ってくるのだが、途中「一斉（取り締まり）だー！」と誰かが叫ぶと、全員がせっかく運んできたお米を、涙をのんで列車の窓から捨てるのだった。それでも幼い私のリュックだけは難をのがれた。

「特別にかわいい子」

私の家のすぐ近くに、ハーディー・バラックスというアメリカ軍の駐屯地があった。西麻布方面から外苑西通りを青山墓地方面に向かっていくと道路の右手にあり、今は国立新美術館になっている。日本が戦争に負けるまでは近衛歩兵第三連隊（後に東部第八部隊）の兵営だったところだ。そしてその少し下のほうに『星条旗（スターズ・アンド・ストライプス）』というアメリカの新聞社があったりして、そのあたりには、アメリカ兵がいつも沢山たむろしていた。

そういう外人たちの腕にぶら下がるようにして、日本の女性たちが一緒に歩いているのをよく目にした。日本のほとんどの女性たちがまっすぐな髪で、お化粧もほとんどしていなく、絣《かすり》のモンペをはいたりしていた時代に、彼女たちはチリチリのパーマをかけて口紅を真っ赤に塗って、グリーンの派手なコートなんかを着ていた。それを見て私は、幼心にも物凄く恥ずかしい思いがして「カーッ」となったものだ。そして、私が大人になったら絶対ああいう白人たちを跪《ひざまず》かせてやるんだと心に誓った。

クリスマスになると、このハーディー・バラックスの駐屯地から黄色のジープに乗って、真っ赤なサンタクロースの格好をした人が大きな袋のなかにチクレットというチューインガムや、ハーシーのチョコレートとかビスケットを入れて、街角の子供たちに投げてくれた。その時大人たちが私を抱いて差し上げると、かわいい子だと言って私にめがけてたくさん投げてくれた。そこで大人たちは次の横丁へ行くとまた私を担ぎ出すのだった。

地下鉄での「事件」と、このサンタクロースからのプレゼント集めの体験から、なんとなく自分が「特別かわいい子なのだ」と子供心にも自負するようになっていったようだ。わが家の隣の香取さんというお宅のおばさんが、外の盆栽に水をやりながら毎朝メロディーをつけて「七保子ちゃんはベッピンさん♪」と歌っていたことも、私にそう思わせる一因になっていたのかもしれない。

だが、そんな私の自尊心は小学校入学の日にずたずたに引き裂かれた。

おかっぱ頭の私は、母が父のマントをつぶして白いテープを買ってきて作ってくれたセーラー服を着て得意満面で入学式に行ったのだが、その私の前に、ゆるくカールさせた髪を長くたらして、大きなピンクのリボンをつけ、ピンクのドレスを着た女の子が現れたのだ。その女の子はスターのように歩いてきて、お供の者がまわりをぞろぞろとついていくようなかっこうだった。ご両親も立派な身なりで、先生方があわただしくその子の方にかけ寄って行ってちやほやしている。

その頃、麻布界隈は、非常にお金持ちの邸宅と、八百屋さんなどの商店とかごく普通の庶民が住む地域とが混在していた。私は初めて子供心にも階級の差というか、そんなものがあるのを感じて、先生たちも結局お金持ちの子には親切なのか、と寂しい思いをさせられたのだった。

DDTと脱脂粉乳

小学校の時の強烈にいやな思い出のひとつは、全校生徒が校庭に集められ、保健所からマスクをかけ白い上着を着た人たちがやってきて、シュッ・シュッ・シュッと頭からDDTを振りかけられたことだ。子供たちは「お化けになったみたい」と言ってはしゃいでいたが……。私は後に行われるようになるツベルクリン注射とともに、敗戦の苦しみをここでも味わっていた。

もうひとつのいやな思い出は、給食の時に出た脱脂粉乳である。熱いお湯で粉末の脱脂粉乳を溶いたものをバケツに入れて持ってくるのだが、湯葉のような上澄みが乗っていて臭くて気持ちの悪い味だった。進駐軍の援助で子供たちに栄養をということで支給されたらしいが、私はバケツを見ただけでとても飲む気になれなかった。飲めない子は飲むまで教室に残される。それが本当につらかった。

小学校時代、私が一番親しくしていた女の子は、朝鮮人だということでいつもいじめられていた。「朝鮮人」とか「シナポコペン」とか言われて、髪の毛を引っ張られたり石を投げられたりしていた。私は正義感が強かったため、「教室の皆が彼女と口を利かなくても、私だけは一緒に学校から帰ってあげるわ」という気持ちだった。小学校五年生くらいのときに彼女は突然姿を消して、なにやらとても良い学校へ移ったということだった。あとでわかったのだが、彼女はロッテの会社を興した家のお嬢さんだったのだ。

小学校には川田正子・川田孝子・川田美智子という童謡歌手の三姉妹がいて、その真ん中の子が私と同級生だった。しょっちゅう授業を休むのだが大目に見てもらっていて、子供心に「あの人たちはスターとして特別扱いなのだ」と思っていた。

母の内職

私は小さいときから絵が上手で、天才だと言われた。学芸会の時はいつも紙芝居を作るのが私の仕事で、その時だけはスターになったような気持ちだった。だが私は劇には一度も出していただけなかった。どうやら依怙《えこ》贔屓《ひいき》された子供だけが特別に選ばれているようだった。母は私の絵の才能を伸ばそうとしたのだろう。香取さんの後にお隣に引っ越してきた裕福な平田家のお嬢さんと一緒に岡田節子という先生――東京女子美大の名誉教授をしておられた方だが――に習わせてくれた。

母はその月謝を作り出すために、近所の方の仕立物をしたり、薪割りなどの手伝いや内職をしたり、それはそれは大変だった。春になると赤いカーネーションの造花を作る内職をするので、玄関と四畳半の部屋はカーネーションでいっぱいになった。秋になると同じように赤い羽根で部屋が埋まった。私はカーネーションと赤い羽根で春と秋の到来を知ったとも言える。

母はお金のことではいつも苦労していた。学校へ納めるもろもろのお金の支払いがいつも滞りがちだった。私が一番親しくしていて通学も一緒だったお友だちのお母さんからも密かに借金をしていたのを、私は心の痛みとともに知ってしまった。私にとって屈辱であった。

母は後妻で、先妻の子供が三人（一人の兄と二人の姉）いたのだが、放蕩息子だった兄は、時々帰ってきてはお金の無心をするのだった。帰ってくると必ず父と口論の末、取っ組み合いの喧嘩となり、火鉢にかけた鉄瓶のお湯がこぼれ、灰が宙に舞い上がり、障子が倒れ、騒ぎを聞いて駆けつけた近所の人が止めに入ることもあった。私は恥ずかしかった。時には髪振り乱してとめる母。私は恐さのあまり弟を抱きしめて隅に逃れる。父たちの喧嘩を見るのは悲しくつらいものだった。

母は兄からお金を求められると、生《な》さぬ仲であるからこそいっそう甘くせざるを得なくて、いつも何がしかを握らせてしまうのだった。本来なら私の学費の足しにするはずだった内職の収入が兄の懐に入ってしまうこともしばしばだった。母が嫁ぐ時にもってきた着物は次々と質に流れていった。

　こういうお金の苦労ばかり見ていた私は、「よーし、いつかきっと出世してお金持ちになって、お母さんを早く楽にさせてあげよう」といつしか心に堅く決めていた。

お父さんのお気に入り

　正義感にあふれ義侠心の厚い父は、住む家がなく明日の糧にも困っている人を見ると、自分の収入のこともかまわずに、持ち前の義侠心を発揮してバラックを建ててあげたりした。そのため、家はいつも貧乏だった。年の離れた義理の兄姉たちとは疎遠で、母と弟と私が肩を寄せ合い、いたわり合いながら暮らしていたのである。

　兄のことでいさかいがあると、父はきまって「おまえが息子に甘いからだ」と言い、母は、「あなたこそ、お金のとれない人の家ばっかり建てるから」と言い合っていた。

　居間の火鉢の横に丸い食卓があって、父は仕事から帰ってきてお風呂から上がるとそこの座布団に座って、毎晩晩酌をした。そして私はいつも父のアグラの真ん中にちょこんと入って、おちょこにお酒をついであげるのだった。寝るときも父の布団で眠っていた。父は私に甘く、私はお父さん子となり、そのために弟八曾男《やそお》は自然にお母さん子となった。

　時々兄さえ帰ってこなかったら、貧しくても愛に包まれた温かい家庭だったかもしれない。でも兄のことで夫婦喧嘩が絶えず、霞町時代の思い出は暗いものが多かった。家庭のことに加えて、家の前に住んでいた杉浦さんという小母さんが町内のボスで、いろいろ仕切っていて、それが嫌で嫌でたまらなかった。

私の唯一の楽しみは読書だった。テレビなどまだない時代、私は詩と小説の世界に酔っていた。霞町時代のことでもう一つ鮮明に記憶に残っているのは、「赤狩り」のことだ。巡査が家にまわってきて「こういう人（共産主義者）が来たら、すぐ通報するように」というようなことを言っていた。

わが家の隣に、よく私に勉強を教えてくれた小父さんがいたのだが、どうやらその人が共産主義者だったようで、ある日私が物干台にいたときに巡査が二、三人彼の家に入っていくのが見えた。事情はよくはわからなかったが、とっさに「小父さんが捕まっちゃう」と思って、その小父さんを家の物干台づたいに逃がしてあげた記憶がある。なんだか英雄的な気持ちになった。そのあと彼がどうなったかはわからないが……。

中学卒業、迷わず就職

小学校を卒業すると私は、日赤病院前の高陵中学へ進んだ。中学では成績が廊下に張り出されるのだが、私は特別に勉強しなくても学力テストはいつも十番以内だった。特に歴史は三年間ずっと全て「5」で、クラスで一番だった。

当然、先生も学友も私が高校へ進学するものだと思っていたが、私は少しでも早くわが手で収入を得て、母を助けたいという強い気持ちから、何の迷いもなく就職を選んだ。学友たちは驚いた。母のおかげでいつもこぎれいにしていたので金持ちの娘に見えていたらしい。先生方は気の毒と思ったようだったが、私にはまったく不幸だという感覚はなかった。むしろ希望に満ちあふれていた。私は二十歳までにはこうなりたいというプランを思い描いていて、それに向かって着実に一歩歩み出すという感じだった。

当時中卒で就職というとほとんどが工場労働者だった。当時、学校の近くにパピリオ化粧品という会社があって、就職組の女子はほとんどがそこへ行ったが、私はちょっと高望みして、京橋にあった千代田生命を受けてみた。そして四百五十人中三人しか受からないという難関を突破して私は採用された。

私は、そろばん二級、暗算三級に加えて、英語もクラスで一番だった。あの当時、近所に住む外国人に話しかけたりしていたことや、外国のペンフレンド——当時は「ペンパル」といって、そういう相手を紹介してくれる組織があった——と英語で文通したりして一生懸命英語の勉強をしていた。当時は外交官や一部のエリート商社マンくらいしか英語をまともにしゃべれる日本人はいなかったが、後にスカルノ大統領と出会ったとき、大統領とよどみなく英語で会話でき、心を通じあわせることができたのはこういった下地があったからだと思う。

千代田生命の入社試験にも英語があって、それがとても幸いしたようだ。そして五人の面接官が居並ぶ部屋に入って、彼らの視線を見たとき「ああ私は受かる、選ばれる」と確信をもった。ふたをあけてみると、私と一緒に採用された二人は縁故採用だった。

私は人事課に配属になって、隣の秘書課のきれいなお姉様たちと接点ができた。会社の隣に明治屋があったのだが、お姉様たちに「ちょっと明治屋へ行ってトースト買ってきてくださらない？」と言われて行ってみると、白いおいしそうな分厚いパンにバターの香りもこうばしい二枚重ねのトーストが、茶色い油紙のようなものに包まれて渡された。「えっ、秘書の人たちって、こんなおしゃれなものをいただくのか」と、十五歳の私にはカルチャー・ショックだった。

私は、ともかくお金をためたいという一心で、お昼休みを利用して近くの喫茶店で五十分アルバイト、土日は銀座の喫茶店でアルバイトをして懸命に働いた。昼間はそうやってお勤めをするかたわら、夜は都立三田高校の定時制に通った。当時三田高校の全日制は、クラスで一、二の女子しか受からないという難関だった。

キリスト教との出合い

その頃私にとても大きな影響を与えた方に出会った。聖路加病院の院長、影山先生の奥様だ。私は中学へ行くようになってから、北海道から転校してきた江藤さんというクラスメートに誘われて「みこころ」というカソリック教会へ通うようになっていた。笄小学校の頃、霞町の角にプロテスタント系の日曜学校ができて、私は毎日曜日にそこに通うのが楽しみだった。そこで賛美歌を歌い、満洲から引き揚げてきた美しい白髪の女性宣教師のお話を伺っていると、心が救われるような気持ちになったものだ。

それが今度はカソリック教会へ足を運ぶようになったのだ。教会のミサが終わったあとで神父様に公教要理を習い、死とは何か、結婚とは何かとカソリックのいろいろな教えを学んだ。やがては洗礼を受けるつもりでいた。つらいことは全て神の試練と思えるようになったのはキリスト教のおかげである。

その教会に、お子さんを沢山連れた、黒いヴェールをかぶった上品な奥様がいつも来ておられ、その方が影山夫人だった。ご自分のお子さんではなく、近所のお子さん――なかには孤児もいたのだろう――などを連れて来ておられたのだ。

ある日その方に声をかけられ、ミサと公教要理の勉強のあと、その沢山の小さな子供たちをお世話するお手伝いをしにお宅へ伺うことになった。影山夫人は高樹町に素敵なお宅を持っておられ、そこで皆でお料理を作ってご馳走になったりしたが、それは私がいただいたこともないお肉のシチューや、ハンバーガーとかドレッシングをかけたサラダとか――今の日本人にはなんら驚きではないだろうが――、そういったものばかりでびっくりした。なんと、自宅の庭でレタスを栽培しておられ、それを摘んでサラダにするのだが、戦後間もない時代、日本人のほとんどはレタスなど見たこともなかった。

お宅にはオルガンがあって、食事のあとに私はオルガンを教えていただいた。こういうことが毎週日曜日に続いた。私は日曜日が待ち遠しかった。まったく違う世界で喜びにひたっていたが、思うことはただ一つ、母や弟にこの同じ喜びを分けてあげたい、母にオーブンのある台所を教えて驚かせてあげたいということだった。

高校退学、女優をめざす

都立三田高校夜間部での勉学は、残念ながらそう長くは続かなかった。入学式の時、校長先生が「入学しても十人に一人くらいしか卒業する人がいないのは残念です。是非あなた方には頑張ってもらいたい」と言われて、私は絶対卒業してみせると堅く決心した。しかし、無理だった。

幼い頃から絵がうまくて天才だと言われ、まわりも私も将来、絵描きになると決めていたが、所詮無理であった。中学に入ったとたん、私の環境はまったく変わった。初めての文化祭で山本有三の『弟』という劇の舞台に、たった一人の女性役として私が抜擢され、この時からお芝居に興味をもったのだった。早速、母は私を新橋の演舞場へ連れて行き、水谷八重子の舞台を見せてくれたのだが、この時から舞台への憧れが強くなっていった。

その後、家の近く、材木町の停留所の真ん前に国際的な俳優、早川雪洲が主宰する東芸プロダクションという俳優育成のプロダクションがオープンして、その研究生募集のポスターが目についた。私はそこに入団し、一週間に何日か、演劇、声楽、舞踊などをいろいろな先生について習う生活が始まった。稽古は夜だったから、どうしても三田高校の方を犠牲にしなければならなくなった。

しばらくすると実習ということで、テレビや映画のエキストラの仕事をいただくようになった。『二十四の瞳』にもエキストラの高校生役で出演したことがあった。商店街の前を、セーラー服を着て歩く女学生である。『ああ無情』というNTVのドラマでは近藤圭子さんがコゼットの役で、私がそのお友だち役で出たこともあった。浅丘ルリ子さんが『緑はるかに』でデビューしてスターになっていった頃、私が彼女の番組にちょっと出演して、NTVの楽屋で彼女と一緒に撮った写真も残っている。NTVには、せんぼんよしこという女性のプロデューサーがいらして、私を大変可愛がってくださった。

その頃、私の家の近くに国際クラブという素敵な洋館があって、色々な国の方々が出入りしていた。そこに住んでいたチキータさんというフィリピン人の歌手と友だちになり、英語の歌を教わった。そして私は彼女に紹介されてナイトクラブでアルバイトをするようになった。ナイトクラブでは、歌の上手な彼女より下手な私の方が人気があった。

昼は千代田生命に勤め、夜と土日はアルバイトをする日々だったが、平日の夜は三田高校に行く。一週間が十日、一日が三十時間ぐらいエネルギッシュにいろいろなことをした。週に一度か二度だったナイトクラブのアルバイトもだんだん回数が増えていき、また、東芸プロダクションからくる映画の仕事も結構増えてきて、今日は大船の撮影所、明日は東映のロケ、という感じだった。こうして三田高校に籍だけは置いてあったが、だんだん足は遠のいてしまった。

父の静かな死

年老いてきた父は兄を許す気持ちになったのか、どこかに兄を迎えに行き、兄は私たちと一緒に住むことになった。兄と二人で肩を並べて仕事に行く父の姿を見て母は喜んだ。人が変わったようになった兄は、人の薦めで結婚し、二階は兄夫婦の新居となった。

父は戦時中に飲んだメチルアルコールの後遺症で目を悪くし、設計図の青写真を引くこともできなくなっていたが、兄の結婚に安心したのか、ある日突然「疲れた」と言って床に就き、それから数日で逝ってしまった。そのとき私は十六歳。死因が何であったのかよくわからないが、それは静かな死の訪れであった。

間もなく兄夫婦に子供が生まれ、私が雅之と名付けた。しかし私は、「兄夫婦と一緒に住んではいられない」と思うようになった。近所の杉浦さんという、うるさい小母さんからも逃れたかった。一人の人間がこんなにも人の精神に重圧となるものなのかと思った。夢に見た母と弟の三人の水入らずの暮らしをしたかった。何よりも霞町を出たかった。

それに加えて私は、成功しクィーンになりたかった。英語で言えば、I must to be somebody という気持ちが強かった。小さい頃から星空を見て、世界に向かって煌《きら》めいてみたいと思っていた。それは強い上昇志向だったのだ。

初めての恋、黒川暎二さんのこと

千代田生命に入って二年目に、人事課に石川さんという女性が入ってきた。彼女のお兄さんが銀座のブランスウィックというお店で働いているというので連れられて遊びにいったことがあった。三島由紀夫さんや丸山明宏さん（いまの美輪明宏さん）が来られる素敵なお店だと聞いて興味をもったのだ。行ってみると、従業員は美男子ばかりが集まっていて、皆真っ白な制服を着て、金モールや金ボタンをつけていた。そこで紹介されたなかに黒川暎二という男性がいた。エリザベス・テーラーの顔を男の子にしたような美しい目鼻立ちで、とても日本人とは思えない容貌だった。私と彼はたちまち恋に落ちた。十六歳の初恋だった。

その頃、ブランスウィックの仲間たちとグループであちこち遊びにいったものだ。石原裕次郎の『太陽の季節』が大ヒットしていた頃で、私たちもその映画の舞台となったファッショナブルな湘南海岸などへ車で繰り出した。ヨットなどなくてもボートに乗ったりして、それはそれは楽しい青春を謳歌していた。黒川さんとの初めての出会いが十六歳。私にはすべてが美しく見え、確実に幸せが一歩一歩近づいているように見えた。暎二さんは両親が離婚したばかり、私は父を亡くしたばかりだった。やがて私たちは将来を誓い合うようになった。

そんなある日、暎二さんが忽然と私の前から姿を消した。まったく連絡がとれなくなった。心当たりを全部探したが見つからず、結局石川さんが探し出してくれたのだが、なんと清瀬の結核

父、根本兵七郎と弟。

母、政子。

下、港区立 高陵中学校の同級生と。（後列右から２人目）。

弟、八曾男。早稲田大学時代。1959 年

都立 三田高校の美術祭で、シエラザードを踊る。（左から２人目）。1955 年

東芸プロ時代。日本テレビ楽屋にて
(左端は私。中央、浅丘ルリ子)
1957年 冬

東芸プロ時代。「あゝ無情」日本テレビ楽屋にて
(右端は私。左から2人目、近藤圭子)
1956年 秋

千代田生命時代。左は私。1956年 夏

東芸プロ／コパカバーナ時代。
節分の「お化け」のパーティにて
ギリシャ神話の女神に扮装。

下２枚、初恋の人、黒川暎二。

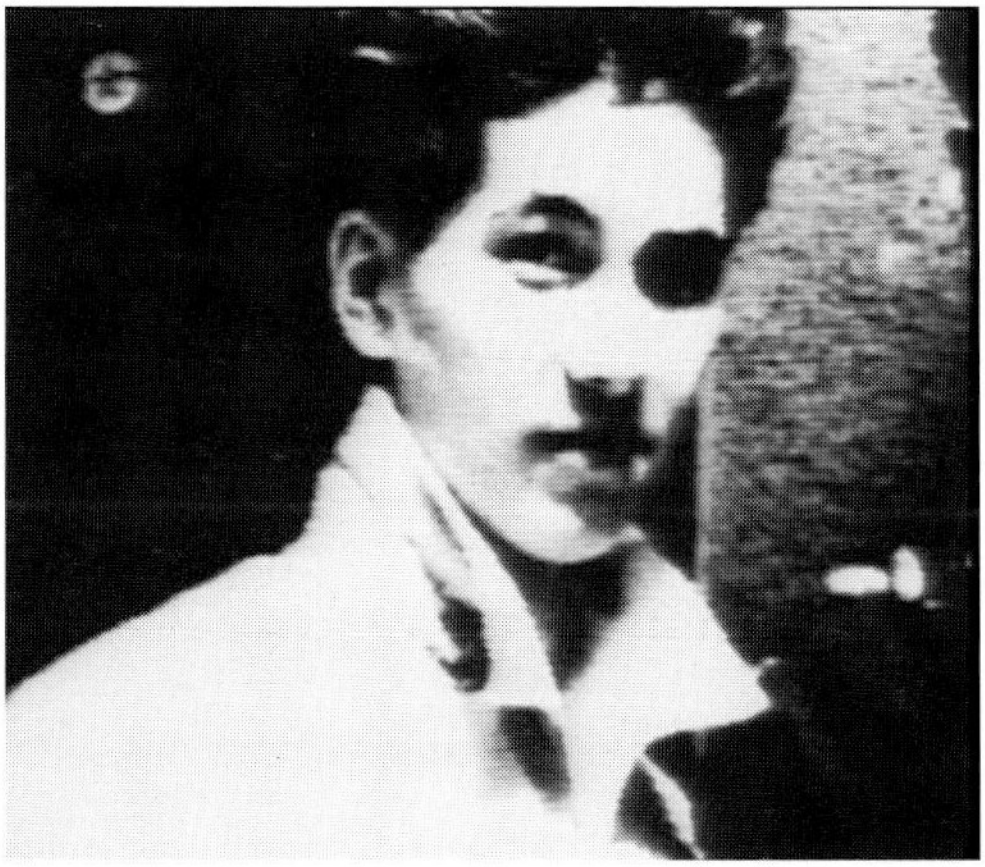

右の２枚、藤娘二景、花柳梅静舞踊会、三越劇場。1959年5月17日

東芸プロ時代。1957年

東芸プロ時代。モデル。1959年

東芸プロ時代。モデル。1958年

東芸プロ時代。モデル。
1958年

大統領に送った写真。
1959年

大統領に送った写真。1958年　ドレス/ハナヱモリ

療養所に入っていたのだった。知らせを聞いて私は療養所へ駆けつけた。あの頃の療養所は木造のひなびた造りで、ものさびしげなたたずまいだった。

私は彼に会うなり「突然消えちゃうなんて！」と恨んだ。彼によればある日突然バケツ一杯の血を吐き、その時とっさに、私にうつしてしまってはいけない、私を縛ってはいけないと思ったのだそうだ。

見舞いのあと主治医の先生に「どのくらいの入院でしょうか。一年くらいですか」と尋ねると、怪訝そうに「いいえ」と。さらに「じゃあ三年くらいでしょうか」と尋ねると「まあ……」と言葉を濁した。「えっ？　まさか、五年くらいですか？」と悪い予感に襲われながら尋ねると、答えは「はあ……」。そのあとはもう聞く気力もなくなってしまった。その時の先生の表情から私は「ああ、暎二さんは死ぬんだ」と悟ったのだった。ストレプトマイシンは開発されていたが高くて手が出ない時代だった。帰りの西武線の窓から見た景色は、何も色がなかった。いたずらに時間が過ぎていった。「ああこの人との未来はないんだ」と涙がとめどなく流れた。

やがて彼は離婚した父の住む千葉で療養生活を送ることになった。

私が彼の姿を最後に見たのは日差しの美しい白浜の海岸であった。

「生きてさえいてくれたら何をしてもいいよ」と、それは悲しい彼の諦めの言葉だった。

私がインドネシアに渡って四年目に、彼は静かに息を引きとった。

富裕なアメリカ人、ジミーさんのこと

暎二さんの病気に打ちひしがれていた頃、私はチキータさんの紹介で、ジェイムズ（ジミー）・ベッカーというアメリカ人の裕福な宝石商を紹介され、千代田生命を退職して、その方のお世話になることになった。十七歳の時である。

ジミーさんにはホノルルに妻子があり、東京、ニューヨーク、ロスアンジェルスそして香港の間を仕事で往ったり来たりしていた。ローレックスの時計などなかなか手に入らなかった時代、彼はとても成功していたようだった。ＪＡＬが下にも置かないようなもてなしをしていた。彼はフリーメイスンのメンバーで、マソニック・ビルのなかにマンションを持っていて、日本にいる間はそこに滞在していた。プールもあるすばらしいビルだった。当時は今のように沢山ホテルがなかったので、外国から来たエリートの多くは、そこに滞在していた。

彼はまるで着せ替え人形のように私を着飾ってくださり、マスコットのようにどこへでも連れていってくださった。彼は私の知らない東京の新しい世界を教えてくれた。日本人が入れないような高級なところへ毎日のように連れていってくれたのもジミーであった。当時銀座中央通りには柳の並木があり、そこにはまだ露天商が店を並べており、白衣を着た傷痍軍人がアコーディオンを奏でながら物乞いをしている光景や、路上で靴磨きをする浮浪児の姿があちこちで見られた。そういう世界とアメリカのドルを持っている人たちのまばゆいような世界とのコントラスト——

それはすごかった。

この頃、私は母と弟のために、霞町の家を出て、表参道と明治通りの交差点にあるセントラル・アパートを借りた。母に不安な思いをさせたくない、心配をかけたくないという思いで、初めから奮発したのだ。セントラル・アパートは今で言う高級マンションの走りで、三つの部屋にバスルームがついているアパートだった。

赤坂のコパカバーナ

当時赤坂にあったコパカバーナへ初めて連れていってくれたのもジミーだった。つまり最初私はコパカバーナへ客として訪れたのである。コパカバーナは普通のナイトクラブとは違っていた。一階は大きなバーとラウンジ、二階はレストラン、地下一階はビッグバンドが演奏するフロアーという豪華さで、専属バンドは渡辺弘とスターダスターズ、歌手は新国劇の辰巳柳太郎のお嬢さんの新倉美子《よしこ》だった。

一九五七年（昭和三十二年）の秋頃にオープンした店なのだが、客の九七パーセントくらいが外国人で、日本人の客は数えるほどだった。私が覚えているのは大映の永田雅一社長、帝国ホテルの犬丸一郎氏、『月光仮面』で有名になった作詞家の川内康範氏くらいだった。世界の社交場のような名声を得ていて、フランク・シナトラが来て歌ったこともあった。大学新卒の給与が一万円くらいだった時代に、そのときのカバー・チャージはなんと一人十万円であった。

ほかにもアメリカから来たポール・アンカ、アンディ・ウイリアムス、ビンボー・ダナオ（フィリピン）などが歌った。また、朝刊で米上院議員のテッド・ケネディ氏が来日したという報道があると、その日の夜には彼の姿がそこにあるくらいコパは世界の社交場であり、N・Yの人が東京に来るということはイコール、コパに来るということだった。

そこで働く女性はファッション雑誌『ヴォーグ』から抜け出したような人たちばかりだった。冬は毛皮のコートを着て、車を持っていて自分で運転してくる女性もいた。そして彼女たちはみな流暢な英語を話した。多分そのなかの何人かは、元米軍将校の「オンリーさん」で、「彼氏」がアメリカへ帰ってしまったあと、ここで働いていたのではないかと思う。このコパカバーナから多くの女性が世界に出て成功した生活を送っており、そのなかにひときわきれいな女性がいたが、その女性はやがて宇津井健夫人になった。

コパカバーナの大事な客であったジミー、そしていつも一緒にコパで遊んでいた私はやがてコパカバーナのオーナー、長尾さんと親しくなって、私はジミーが外国へ行っている間、時々手伝いでお店に行くようになった。

この長尾久子さんはすごい女傑で、神戸の一介のホステスだったのだが、成功して東京の銀座に「クラブ・チェリー」というクラブをオープンするまでになった。その頃からチェリーは国際的な外国人の遊び場であり、彼女はマダム・チェリー、またはチェリー・ママとしてその名を馳せていた。

こうしたスタイルのコパは一九六二年くらいまでで、少しずつ変貌していった。昔、長尾さんが言っていたことがある。「立派な男がいないから、いい女が育たない」。コパを知っていると自慢するつまらない輩がいるが、私はつい苦笑してしまう。

私がコパで働くようになったのは、もちろん母と弟を養うということもあったが、自分で独立してお店を出せるだけの資金をつくりたかったし、私にはそれとは別の計算もあった。これからの社会では絶対に英語ができなければいけない。その英語は教科書で勉強したってだめ、実際多くの外国人と話さなければ上手にならないと思っていた。コパカバーナは当時日本における随一の世界の社交場、つまり一流の外国人と会話を交わしながら世界への道を模索するチャンスはここにしかないと思ったのだ。

しかし、東芸プロの活動も忙しく、コパカバーナには時間のある時だけしか行けなかった。マダムの長尾さんはそんな私を「うちのプリンセス」と呼び、とても大切にしてくださった。

当時私はコパカバーナで信じられないような収入を手にしていた。あの当時で一時間テーブルにつくと千円が私に入った。五テーブルほど掛け持ちして動き回れば、たちまち一万円近くになった。千代田生命の月給が六千六百円だったから、それが一晩で入ってくることになる。多くの外国人の客はダイナースというクレジットカードを使い、女性には椅子を引き、踊り終わると礼を言った。すべてがレディー・ファーストであった。

私は美しい花、レディーになりたかった。私は自分を磨きたかった。裏千家のお茶を習ったり、草月流の生け花は一級までとったり、花柳梅静先生について日本舞踊も習った。花嫁修業の一環だと思っていた。一九五九年（昭和三十四年）の五月十六日、三越劇場で初舞台を踏み、「藤娘」を踊った。そのひと月後にスカルノ大統領との運命の出会いが待っていた。

自信と誇り

十七歳で百十万円ほど貯金して、そのお金で十八歳の時には渋谷に「シロクマ」という小さなバーを買った。私は人の下で働くのは好みではなく、自分でオーナーになりたかった。山小屋風のとても素敵なバーだったが、渋谷のマダムにはなりたくなく、黒川暎二さんがいたブランスウィック当時の友人の一人に経営を任せることにした。ところがやはりまだ若く世馴れていなかったため、この大きな買い物で大損をした。八十万円という権利金で店を買えて大喜びだったのだが、じつはそこはいずれ区画整理で立ち退きになる地域だったのだ。人を信用して経営を任せていたせいか、店もあまり儲からず、結局、後に手放すことになったのだが、そのような訳ありの土地だったため、売却価格は安く、大損をしてしまったのである。

私はその頃珍しかった『ヴォーグ』誌や『スクリーン』、『映画の友』に載っているファッションを見てそれらと同じものを身につけていた。

今は名前も忘れてしまったが、銀座のある店で全てのドレスや帽子を作ってもらっていた。ある日、モスグリーンのワンピースに短いケープ、同色のリボンをあしらったつばの広い白い帽子、そして揃いのバッグと靴をはいてジミーと待ち合わせをしていた帝国ホテルへと向かった。その時の私のおすましといったら、ピカピカの十八歳であった。フランク・ロイド・ライトの設計になる帝国ホテルはその当時中央の階段を上りきった先に中庭があり、その左側にバー・ラウンジがあった。

私がそのドアのところに姿を現すと、ラウンジにいた外国人の男性七名が私のために一斉に立ち上がって、私に敬意を表したのだった。得意満面のジミー。

私は「やった！」と心の中で叫んでいた。あの惨めな敗戦後の女性の仇をここに討ったのだ。どんなものか、という気持ちで私はゆったりと椅子に身を沈めた。

乾杯をしようとシャンパンをオーダーし、グラスにシャンパンを注ぎ終わると、「この若き美しいレディーのために」と言って再び全員が立ち上がった。私も立ち上がろうとするとジミーが「いや、あなたは座ったまま」とにっこりし、トースト（乾杯）してくださった。

この素晴らしい経験は私に自信と誇りを植えつけてくれた。

コパで出会った人たち

ジミーさんとお付き合いしていた頃、やはりコパカバーナで、もう一人私に大きな影響を与えた方とめぐり会った。「新喜楽」という築地の老舗料亭の次男坊の蒲田《かばた》良三氏ご夫妻である。この料亭は日本の外務省が外国の賓客を接待するのに使っていた場所だ。とはいえ彼自身は料亭の経営とは無関係にフランス文学や詩に傾倒していて、カメラや絵にも凝っていた。

私もまた本が大好きな文学少女だった。戦後間もなく、ご近所に家を焼け出された有田さんという方がおられ、自分の家が建つまで私の家に間借りしていたことがあったが、その方がものすごく沢山の本を持っていて、私はそれを借りてギリシャ神話やシェークスピアや、フランス、ロシア、ドイツ、イギリスの文学作品などを読み漁ったことがあった。それがきっかけとなっているのだろう、中学、高校時代も色々な本を読み漁っていた。特にフランス文学は私の血となり肉になり、『谷間のユリ』を読めばアンリエット・モルソーフ夫人に、『赤と黒』を読めばレナール夫人に心酔して、それらの人物になりきっていた。そしてランボーやマラルメに息をつまらせていた。

新喜楽の次男坊は私をあちらこちら色々な店に連れて行って社会勉強をさせてくださった。一番印象に残っているのは市兵衛町のクレッセント（現、芝公園の前）という洋館建てのフランス料理店だ。吉田茂がご贔屓だったという店である。今は本格的なフランス料理店が沢山あるが、あの当時本格的な訓練を受けたウェーターがいる店はまだなかった。

蒲田氏の奥様を通じて彼女の学校時代の同級生である日本女性、胡暁子《オー・あきこ》さんとも知り合った。彼女は、シンガポールや香港に人間や動物の人形を並べた面白い公園を作った中国の大富豪胡《オー・》文虎《ブンコ》の長男である胡一虎《オー・イッコ》と結婚していた。

胡文虎氏は中国からマレーシアへ錫鉱山の労働者として移民していった人だが、タイガー・バームという薄荷《はっか》の木の樹液から作った塗り薬を発案して売り出し大富豪となり、タイガー・スタンダードという新聞社の社主でもあった。一虎氏夫妻は香港に住んでいたが、暁子さんはよく日本に来ていて、蒲田家の六本木の家に泊まっておられた。ご夫妻と暁子さんと私の四人で色々なところに行き、遊び歩いたものだ。

旧姓長瀬暁子さんはお金持ちの別の中国人と十八歳の時に結婚し、三人の子供を産んだ後離婚した。その後暁子さんはシンガポール行きの船上で一虎氏と出会い、一虎氏の妻となったのだが、彼は噂ほどの富豪ではなかった。一虎氏は三番目の夫人の息子であり、彼が生まれた時は、すでに子供のなかった最初の夫人と二番目の夫人が自分の姪や甥と何人も養子縁組し、財産は彼らの所有になっており、会社の経営も彼らの指揮下にあった。

そのため、彼女は何年もの間、富豪と結婚したという面目を保つために苦労した。蒲田家に宿泊しながら、香港から沢山のカメラや時計を持ってきては売っていたようだった。後に東京―ジャカルタを往復する時には必ず香港に立ち寄って彼女の所に泊まったが、生花一つない生活をしているのに驚いた。しかし当時、私たちは姉妹のように親しくしていた。

心のディレンマ

その頃私は、ジミーさんのお世話になりながらも、やはり妻子のいる方といつまでもお付き合いしているわけにはいかない、いずれはプリンス・チャーミングが現れると夢見ていた。そして茶道や華道や日本舞踊などの習い事に精を出していた。その頃は暎二さんとは添い遂げられないのだという諦めがあり、渋谷のお店もあまりうまくいっておらず、何とかジャンプして身を固めなくてはと思っていたのだ。

母や弟の面倒を見なくては、という責任感があって、私は精神的にディレンマに襲われていた。弟は、私とは学年は二年離れていたが年子だった。父のお気に入りだった私と比べて、小さいときから家の中では影が薄くて不憫な存在だった。学校で私が弟の教室に行くと皆が一斉に「誰が来たのかな」と思って振り返る。級友たちと一緒になって振り返り、姉を見つけて誇らしげな表情をする弟の顔を見るのがとても楽しみだった。私は「弟をいじめちゃだめよ」という気持ちをこめて自分の存在をアピールしたものだった。

その弟には是非大学へ行ってもらいたかった。そしてそれを支えるのは私しかいないという気持ちがあった。私は二人のために貸しアパートを建て、生活に困らないようにしてあげなければと、殖産住宅に毎月積み立てをしていた。

その頃は画家になる夢は諦めていたが、女優になるという夢はまだ捨てたわけではなかった。その一方で外国へ行ってみたいという憧れもあった。

コパカバーナには世界各国から富豪が来た。フィリピン財閥のカルロス・パランカ氏に救いようのない恋もした。アメリカ人やドイツ人の大富豪で私にプロポーズした人もいた。日本視察のために特別機をチャーターするアメリカ人から、私にとっては初めてのダイヤモンド、三・五キヤラットのブリリアン・カットを指にはめられ心が動いたこともあったが、結局最後には決心して踏み出すことができなかった。

母と弟の世話を一生みなければならないという心理的な重荷。かたわらに回復の見込みのない暎二さんがあった。途方もない愛と贅を私の上に注いでくれる外国人たち。しかし、どれをとっても結論の出ない愛だった。

学校もやめ、お店の経営にも失敗。東芸プロから女優への道はとてつもなく長いように見えた。そんなところに現れたのが久保正雄氏であった。

第2章

スカルノとの出会い

東日貿易の久保氏の演出

スカルノ大統領との出会いは一見、偶然の出会いのように私の前に降ってきたが、じつはあらかじめアレンジされたものであったのかもしれない。それを演出していたのは、その頃日本政府の戦争賠償金の事業（後述）でインドネシアと色々かかわりをもっていた「東日貿易」という小さな商社の社長、久保正雄という人物であった。

その前年の一九五八年（昭和三十三年）に、スカルノ大統領が戦後初めて来日したとき、日程のすべてが公式訪問ではなかったため、日本政府はプロトコール（外交上の儀典）の手順に従って十分な警備を提供することができなかった。

しかもその頃、インドネシア本国ではスマトラやスラウェシ島で中央政府に対する反乱が起こっていて、反政府分子が沢山日本に潜入しているという噂もあった。そこで、児玉誉士夫氏が警備の不十分さを補うために久保氏にスカルノのプライベートな警備を託したのであった。それ以来彼は大統領の信頼が厚く、彼の経営する東日貿易はインドネシアとのビジネスに関わるようになっていったのである。

この警備のときのお礼というような意味もあって、インドネシアが賠償資金を使って「興安丸」をメッカへの巡礼船としてチャーターするという話が出てきて、これを東日貿易がまとめた。昭和六年（一九三一年）建造の「興安丸」は、かつて戦争直後は中国から日本への引揚船として、また昭和二十三年（一九四八年）からはシベリアからの引揚船として活躍した。この頃はすでに外洋航海のライセンスを失っていたが、これを再び取得して貸し付けたのである。前年には「木下産商」が、興安丸とは別に外洋航海船を十隻インドネシアに送っていた。

久保氏は警備の功績によって大統領に接近し、インドネシアの賠償プロジェクトに食い込んでいた。

私はその年、一九五九年の初め頃から、久保氏とはその愛人、小林嘉子《よしこ》さんを通じて知り合っていた。久保正雄という人物は、すらっと背が高くて、いつもびしりとスタイリッシュに決めている。日本人離れしたスマートな人だった。彼が何か言うと、魔法をかけられたようにその言葉を信じ込まされてしまう、そういう人だった。

彼は俳優の高倉健や長嶋茂雄選手を後援していた。その彼が一九五九年の年が明けて間もなく、私の十九歳の誕生日の前に突如、「コパはやめなさい。お金が必要なら僕がサポートする。七保ちゃんに紹介したい人がある」と言った。この人は私の人生に何を仕掛けたいのかしら。私の「あしながおじさん」になると言っているのかしら。しかし彼の水際立った態度は私の心を揺さぶった。いいわ、私の人生にイタズラをしたいのなら、どうぞ、という気持ちになった。

お正月が過ぎて間もない頃、アルバイトはやめた。しかし、日本のマスコミは私にホステスという烙印を押しつづけた。私は、久保氏と嘉子さんと三人であちこちに繰り出して遊びながらお稽古事に励んでいた。そして五月十六日には三越劇場で初舞台を踏み、「藤娘」を踊ったのだった。

帝国ホテルでの「お見合い」

それから一カ月後の六月十六日、その日は、私たち三人で一緒に日比谷のスカラ座で『レインツリー・カントリー』という映画を見る約束をしていて、帝国ホテルのグリルの入口で待ち合わせることになった。指定された場所で待っているとき、軍服を着た外国の要人らしい方がお供を沢山連れて通りかかった。もちろん私はそれが誰であるのかも知らなかったが、その仰々しさに思わず起立していた。

しばらくして、久保氏から頼まれたといって、その外国の軍人のお供の一人、サブル大佐が近づいてきて丁重に誘った。

「ミスター・クボはちょっとミーティングが長くなりそうです。上で、お茶会をやっていますから、あなた様もどうぞおいでください」

驚いている私に「プリーズ、プリーズ」と言って急《せ》かすので、ともかく黙って従った。案内された部屋に入ると、廊下にはみ出しそうなほどの花が所狭しと並び、強烈な甘い香りが鼻をついた。奥のソファーに先ほどの軍服の方が座っていて、その「謁見室」の両側には大勢の方々が緊張して座っていた。私はその中を、いきなり奥まで通され上座に座らされた。

ペチ（黒いイスラム帽）をかぶって、淡い紫が少しかかったようなブルーの軍服を着たその男性は、いま新聞をにぎわしているインドネシアのスカルノ大統領なのだと紹介された。目が大きくキラキラしていて、チャーミングな八重歯が印象的で、慈悲深い大きな優しさを感じさせる方というのが第一印象だった。私は一瞬稲妻に打たれた気がした。

外国の富豪たちと対等にお付き合いして、結構度胸が据わっていたつもりだったが、それでもそのときの雰囲気は特別で、あまりに緊張してその日のことはよく覚えていない。しばらく談笑していたが、やがてお付きの人が大統領に何か耳打ちすると、部屋にいた人たちは一斉に立ち上がり、大統領は奥の部屋に消えた。

そのときの後ろ姿の肩のあたりに、なにかしら寂しそうな影を感じた。こんなに権勢を振るっておられ、威厳そのもののような大統領だが、正面から拝見する姿と後ろ姿の落差に、何か心引かれる思いがした。

その後久保氏が近づいてきて、何事もなかったかのように「じゃ、約束だから映画見ようか」

と声をかけてきた。そしてスカラ座へ行って『レインツリー・カントリー』を見たのだが、久保氏は隣で軽いいびきをかいて眠っていた。

あとから思えばそのときの会見は、久保氏がアレンジした「お見合い」だったのかもしれない。それが六月十六日のことで、その二日後の十八日に私と久保氏はお茶に招かれ、再び帝国ホテルへ大統領を訪ねることになった。今度はアズマウン駐日大使と四人だけであった。

思いがけないご招待

大統領は六月七日から十九日まで日本を訪問していたのだが、最初の三日間は公式訪問だったため目黒の迎賓館に泊まられ、そのあとは非公式訪問として帝国ホテルに移られたのだそうだ。

二度目のお茶会でかわした会話の中で、大統領は驚くほど該博な日本史の知識を披露された。聖徳太子から豊臣秀吉、西郷隆盛に至るまで、歴史上の人物や事件の年号が次から次と出てきた。その博覧強記に私は仰天した。大統領は、過去の英雄を過去の人としてではなく、まるで自分の同輩のように、その業績を綿密に覚えていらした。

翌日の帰国前にもお招きを受けたが、お時間がなくなったということで、私は久保氏と小林嘉子さんと三人で大統領を羽田までお見送りした。何百人もの見送り客が飛行場に立ち並んで見守っている前を大統領が歩いてこられたのだが、私がいることに気づいて堅い握手をしてくださった。

そのときはそれだけのことだったのだが、その後大統領から思いがけなく手紙が届けられた。多分久保氏を介してだったと思う。流暢な英語で書かれた、美しく力強い筆跡の手紙だった。写真を送ってほしいというような文面だったので、写真を添えてご返事を出した。

後で知ったことだが、その直後にスマトラで反乱があって大統領は大変だったようだ。それでしばらくお手紙がなかったのだが、ようやく八月になって再びお手紙があり、「二週間くらいインドネシアへ遊びに来ませんか?」ということが書かれていた。

大統領が私のことをとても気に入っておられるということは、女の直感でわかっていたし、そこにはきっと男女の関係が待ち受けていることはおぼろげに理解していた。その一方で「相手は一国の大統領、まさか」と打ち消す気持ちもあって、心は揺れ動いた。しかし最後には、「ああ、このご招待は受けよう。外国へ行って、外国を見たら、何か閃《ひらめ》きがあるかもしれない、とにかく行ってみよう」

と思った。これからどのような道に進むべきか、ちょうど曲がり角に立っていたときだったから、「そこから道が開けるかもしれない」という冒険心も働いたのだろう。「それにわずか二週間のことだし」と思う気持ちが最後の決断を促した。

遠い遠い国

旅の支度を始めたら何かとても浮き浮きしてきて、どんどん心が傾いていくのが自分でもわかった。

その当時、インドネシアはまだまだ遠い国だった。正式な外交関係はその前年の一月に結ばれたばかりだった。戦後十三年たってようやく国交が回復した背景には、日本が戦争で与えた被害に対する賠償問題が、なかなか解決しなかったという事情があった。

日本は第二次世界大戦中、インドネシアから宗主国オランダを追い出してここを軍事占領し、三年半のあいだ統治した。賠償というのは、その間に日本がインドネシアに与えた損害や苦痛に対する償いの印として支払うことになったもので、サンフランシスコ講和条約で取り決められていた。賠償の請求権を放棄した国も多かったが、インドネシア、フィリピン、南ベトナム、ビルマだけが受け取ることになった。

被害の調査に基づいてインドネシアが最初に要求した額は、その当時の日本の国民総生産に匹敵する額で、とても支払えるものではなかった。しかも日本国内には、日本はインドネシアと戦争をしたわけではなく、結果的にインドネシアをオランダの植民地支配から救い出す一端にもなる占領統治を行ったのに、なぜ賠償を払わなくてはならないのか？　という声が根強くあり、抵抗も強かった。

それを両国の代表が地道に交渉を重ね、最後はジャカルタを訪問した岸信介首相とスカルノ大統領の二者会談で、当初の三十分の一ほどの金額二億二千三百八万ドルで妥結を見た。インドネシアとしても、旧宗主国オランダからの経済的独立を果たすために、一刻も早く日本の賠償を必要としていたのだった。かくして一九五八年一月に日本とインドネシアのあいだで賠償協定が結ばれ、これと同時に両国の国交も回復した。

賠償といっても現金で支払われるわけではなく、日本人の役務で、つまりサービスや商品の提供によって取り決められた金額分を、十二年間にわたって少しずつ支払うというものだった。たとえばインドネシア政府がどこそこにダムを作ってほしいといえば、日本の関連企業がその事業を受注してインドネシアに赴き、日本から建材や機械を運び込んで工事をするのだった。

そういった工事は建設会社だけが請け負うわけではなく、必ずといってよいほど商社が関与していた。しかもその頃、日本の大手商社はいずれもまだインドネシアに足場を築いてはおらず、多くのプロジェクトが木下産商と東日貿易という二つの小さな商社の手に落ちることになったのだ。

私がスカルノ大統領の招きを受けたのは、十二年にわたって少しずつ支払われることになっていた賠償支払いの二年目の年だった。賠償で実施されるプロジェクトの選抜は当然インドネシア政府がそのニーズ（スカルノ大統領の肝煎りのＢＡＰＰＥＮＡＳの計画）に基づいて決めるわけだが、実際には日本企業が詳細なプロポーザルを用意して「持ち込む」ことも多かったと聞いている。

また実際にプロジェクトが決まってから、それをどの企業に発注するかを決める際に、日本企業側からインドネシア政府への働きかけも色々行われていたという。そのような中での大統領との出会い、文通、そしてインドネシアへの招待……。その後の進展がもたらす大きな利得を、久保氏は早くから見抜いていたのであろう。

一部マスコミやインドネシア関連の人たちから、「大統領との出会いは賠償事業獲得のため」と誹謗されたり中傷を受けたのには、そういう背景があったからである。しかし、そういったことが理解できるようになったのはもっとずっと後のことで、その頃インドネシアという国に関する私の知識は皆無に等しかった。

私はその国がどこにあるのかも正確には知らなかった。探し出してきた地図を広げてみると、かなり古いものだったのだろう、まだ古い地名のままで、そこには「蘭領東インド」と書かれていた。そして島が枠で囲ってあるだけで、中は真っ白のままだった。山も川も、都市名も書き込まれていないのだ。

こんなことを言うとインドネシアの人たちにお叱りを受けるだろうが、その頃のわれわれの世代の日本人は、椰子の陰からスカートのような腰蓑をつけ槍を持った土人が出てくるようなイメージを、この国に持っていたのである。アフリカとインドネシアとがごっちゃになってすらいたのだ。『冒険ダン吉』や『ターザン』に描かれた南洋のイメージのままだったのである。

ただ、軍服を着た立派な大統領の姿を目の前で見ている私には、それで不安は少し打ち消されて、どんな国かと楽しい想像をめぐらせていた。

渡航準備は、金銭的なことも含めてすべて東日貿易が行ってくれた。当時、日本から国外へ出るには「日銀」へ行ってドルの割当て枠をもらわなければならなかった。第一、パスポートを持っている日本人など、そうざらにはいなかった時代だ。国交を回復したとはいえ、インドネシアは、日本人がビザなしで観光に行けるような国ではなかった。

あくまで「お忍び」であるから、大統領から正式な招待状をいただいて大使館へ提出するということもできず、ビザは簡単にはもらえなかった。そこで東日貿易のセクレタリーということで渡航許可を取ってもらったのだ。そういう事務的な準備の一切は、東日の桐島正也という番頭さんがやってくれた。

アムステルダムを模した街

久保氏に伴われてインドネシアへ初めて旅立ったのは、一九五九年（昭和三十四年）九月のことだった。当時は飛行機に乗れるだけましで、まだ船旅が主流の時代だった。当然飛行機は直行便などない。その頃はＪＡＬも香港までしか飛んでいなくて、まずそこまで行って乗り換えである。

香港へ着いてショックだったのは、中国からの難民が、甲板に水揚げした大量の魚のように飛行場にごろごろ寝ていたことだ。歩いて国境を越えて来たらしい人たちが、ターミナルのあちこちに横たわっていた。当時、毛沢東の大躍進政策が失敗して、中国には大規模な飢餓が蔓延していたのだと後で知った。

香港から乗り継いでバンコック経由でシンガポールへ行き、そこでまた一泊した。キャセイ何とかという古い植民地スタイルのホテルには、溺れてしまいそうな大きなバスタブがついていたが、お湯をためようとするとジャアッと茶色い水があふれ出てきたのでびっくりしてしまった。当時はレストランにも冷房などなくて、大きな植民地スタイルのファンが天井でグルゥングルゥンと回っていて、右手で食べて左手でハエを追うという状態だった。

通りへ出るとインド人が歩道に長い体を横たえて寝転んでいる。鰯の缶詰のように行儀よく並んでいる上をまたいで渡っていった。香港の難民に次いでシンガポールの浮浪者を目にして、それはもうびっくりした。いまでこそシンガポールは世界一清潔な大都会だが、その頃はとにかく汚かったのだ。

ところがジャカルタへ着いてみると、そこはオレンジ色のかわいらしい瓦屋根と白壁の館が点々とする合間に緑があふれる異国情緒豊かな街で、「ああ綺麗なところへ着いた」と思った。道路も広く、後に見たヨーロッパのようにストリート名で住所が表記されていて、東京よりずっとロマンティックな街だと思った（しかし当時の国際空港、クマヨランは小さな空港だった）。

昔のオランダ時代の邸宅が残っているメンテン地区のあたりは、間口はさほど広くないが中へ入ってみると奥行きがものすごく長い大邸宅が並んでいた。家の正面の、通りに面したところにはきれいに手入れされた前庭があり、道路の両側には古い大きな樹木が茂り、熱帯の太陽をさえぎっていた。

アムステルダムを模して建設された旧バタヴィア市街は、いたるところに運河が掘られ、その両岸にヨーロッパ風のオフィスビルや商店や銀行などが並んでいる、活気に満ちた商業地域だった。しかしその運河で、貧しい人たちがお尻を出して用を足し、洗濯をしている様子を見たときにはびっくりした。

もうひとつ驚いたのは、客を椅子のようなものに座らせて、それを自転車で後から押していく「ベチャ」という乗り物である。昔の人力車のようなもので、ベチャ引きはたいてい栄養不足のやせ細った体で汗だくになって自転車をこいでいた。小型バスはもっとひどかった。ドアが閉まらないほど乗客があふれて鈴なりにぶら下がっていた。

最初の夜は、ホテル・デス・インデスというオランダ植民地時代のもっとも由緒あるホテルに泊まることになった。中心になるレストランや演舞場を備えた大きなメイン・ビルディングの裏手に、ひとつひとつの客室が中庭に面して並んでいるのは植民地スタイルのホテルの特徴なのだった。

その中で一番大きなパビリヨンに通され中に入ると、サロンの奥の大きなベッドのまわりに真っ白な蚊帳が幾重にも張ってあって、映画で見るような優雅な光景だった。それでもバスルームのお湯は出なくて、大きな湯沸器のようなものが壁についていた。後になって体験したことだが、その当時は大統領官邸のバスすら大きな湯沸器を利用し、池田勇人首相が宿泊されたときには、新しく出来たばかりのホテル・インドネシアへ朝夕お風呂に入りにいらした。

インドネシアにはもともと湯につかる習慣はない。「マンディ」といって、冷たい水を手桶に汲んでザーッ、ザーッと勢いよく体にかける、いわゆる水浴びなのだ。冷たい水でマンディすると最初はブルッと寒いのだが、その後心地よくなる、ということに慣れるまで私もずいぶん時間がかかった。

「私のインスピレーションとなってください」

東京での私は、すでにスカルノという強力な磁力の虜になっていた。だが、実際にインドネシアへきて実見した彼の偉大さは、私のあらゆる想像を絶していた。とりわけ何万という国民を前にして演説をしておいでの時、その颯爽たる英姿は、形容もできないほどの迫力で私に迫った。スカルノはインドネシアの土が人の形をとり、神がそれに魂を吹き込んだ人間だった。彼は真底から国民を愛し、国民もまたスカルノを心から崇拝敬慕していた。

大統領のお招きで行ったからといって、それほど頻繁に大統領にお目にかかれたわけではない。しかしバリ島の離宮に招かれたときのことは忘れられない。

大統領はジャカルタから専用ジェット機で行き、私と久保氏の一行はあとからコマーシャル・フライトで追いかけていった。タンパクシリングというバリの高原にある大統領の離宮は、屋根がジャティー（特産の木）で出来ており、建物の外壁と立ち並ぶ柱がサーモンピンクで、平安朝の回廊を思わせるような幻想的な建築であった。

実の母がバリのブラーミン出身だったこともあって、大統領はバリには強い愛着を感じておられたようである。この離宮に数日間こもって大事な演説の草稿を作成したり、要人をもてなしたりするのが常であった。バリ人もスカルノを信奉しており、いまでもバリはスカルノの長女メガワティ・スカルノ・プトゥリが率いる闘争民主党の大きな地盤の一つになっている。

離宮は、神々が宿る島という表現にぴったりのこの楽園のような島の高台にあって、その真下には大きなヒンドゥーのお寺があった。その寺を見下ろすテラスで、暖かい甘い紅茶をすすりながら、私はいつのまにか大統領と二人だけで並んでいた。

椰子の木が真っ黒なシルエットを作り始め、真っ赤な太陽が沈むのを眺めながら、大統領が、「プリーズ・ビー・マイ・インスピレーション、プリーズ・ビー・マイ・ストレンス、エンド・ビー・ジョイ・オブ・マイ・ライフ」と思い切ったようにささやかれた。

「私のインスピレーションとなり、力の源泉となって、私の人生の喜びとなってください」

このような美しい言葉は百年生きていても聞けないのではないかと感動し、これはプロポーズなのだと悟った。

私は選ばれたのだ！　これは天啓なのだ！　そして選ばれた以上、それに応えるべきではないのか……。私の胸を満たしていたのは、たとえようもない充足感、幸福の実感だった。スカルノに愛され、私は女冥利に尽きて恍惚となっていた。

だが次の瞬間、強い迷いが私の喜びを引きとめた。そんなことをすれば母は、弟はどうなるのか？　高血圧の母は飛行機にも乗れない。私は母を日本に残すことになるのか……。

一人で煩悶していると久保氏が「お母さんと弟さんのことは心配するな」と言って、私の家族の生活の面倒をみてくれることを申し出てくださった。弟の学費と母の治療費、さらにアパートを建ててその家賃で生活していけるようにと思い、毎月積み立てていた殖産住宅の掛け金など、全ての費用は私が心置きなくインドネシアで暮らしていけるよう、彼が責任をもって保証し、管理してくださることになった。

チドリアンの新居

久保氏の言葉に力づけられた私はスカルノ大統領の愛に応え、インドネシアにとどまることになった。二週間の予定だったこの旅が、長期滞在へと変わってしまったのである。

十一月三日、官邸内で二人の証人の立ち会いのもとコーランと宝剣を前に、死ぬまでの献身を誓い合った。

長期滞在へと切り替えると同時に私は、ホテル・デス・インデスを出て、チキニの近くのチドリアン通りに用意された一戸建ての家に移った。その家には前庭があって。その中央に真っ白い象の像があった。

チドリアンの家は、寝室が二つにリビング・サロン、書斎とダイニングルーム、それにバスルームが二つ、さらにブーゲンビリアのフューシャ色の花が咲き乱れた庭の一角には離れがあり、左側にはサーバント・コーターがついている大きな家だった。とはいえ、イマン・ボンジョル通り、ディポネゴロ通りの大邸宅に比べればごく普通の民家であった。

いわゆる愛人生活が始まったわけで、昼間堂々と大統領宮殿へ行くなどということは逆にできなくなった。大統領が夜訪ねてこられるのを待つ生活が始まった。私が寂しいだろうということで、ウトロさんというご夫婦が同じ敷地内の裏の離れに住んでくださることになった。

ウトロさんは戦争中に日本に留学された知日家で、奥様は日本人だった。リニーちゃんというかわいいお嬢さんがいて私とは家族のようだった。このご一家にはとてもよくしていただき、いつまでも一緒にいたかったのだが、その後ウトロさんの叔母様が亡くなってスラバヤにお家を遺してくださったということで、どうしてもジャカルタを離れざるを得なくなり、数年後に悲しい別れをしてスラバヤへ行ってしまわれた。

久保氏の取引先関係で中国系インドネシア人のお金持ちの、リタといううきれいな奥さんが友人として私をアテンドしてくれることにもなった。チドリアンの家には、大統領から贈られた家具やその他の家財道具も皆調っていたが、それでもたまには自分の好みのお皿など買いたいと思うと、彼女はその当時、唯一高級品のショッピングの場であったパサル・バルへ同行してくださった。

金勢さき子さんのこと

リタさんが十月のある日、「日本の若い女性が病院で死んだって聞いた?」と私に尋ねた。当時はそう沢山いるはずがない日本人のしかも若い女性の死なんて、インドネシアへ行ったばかりで緊張の連続だった私の耳にはかなりショッキングなニュースだった。しかし私はさほど深く考えもせず、大統領とお食事をしていたときにそのことを口にすると、彼は堅い表情で、「そんな噂は信じないほうがいい」とひとこと言った。一体、大統領は亡くなったのが誰かご存じなのだろうかと不思議な感じがしたが、そのときはあえてそれ以上尋ねなかった。

じつはこの亡くなった女性は金勢さき子といって、私より少し前にスカルノ大統領のもとにいた女性だったことを後で知った。

東日貿易のライバル会社、木下産商の鄒梓模《チョウシモン》という華僑系のビジネスマンによって大統領に紹介された方で、同社ジャカルタ支店長の豊島夫妻が面倒を見ていたそうだ。豊島氏は元外務省の役人なので、当時の黄田多喜夫駐インドネシア日本大使とも親しく、その関係から大使のお嬢さんの松子さんと金勢さんは親しくしていたようだ。

(そのような関係から大統領は、すぐに私を黄田大使に紹介しにくかったようだ。そのため私は長いあいだ大使館とは接点がもてなかった。)

もちろんそのときには、私は金勢さんの名前すら聞いたことはなかったが、その金勢さんがジャカルタの自宅で自殺を図ったのだった。

彼女の死は十月三日のことで、当初それは「病死」ということにして外部には洩れないようにされた。しかしこの情報は、日本にいた反スカルノ派の人たちの口から、鬼の首でも取ったように週刊誌などに洩らされたらしい。その頃新橋にあった「インドネシア・ラヤ」というレストランが反スカルノ派のアジトで、スカルノ政府に対するスマトラの反乱などを密かに助けていた。彼女の死は、その後何十年も私をバッシングし続け、言葉にならぬほど私を苦しめ、私の人生に暗い影を落とし、悩ませることになる一連の週刊誌報道の始まりだった。

記事の中で、私の存在も暴露され、あたかも私が彼女を死に追いやったかのような書き方をされた。

彼女が亡くなってから三十年もたった頃、私がバンドンに行った折、すでに亡くなっていた大統領の副官サブル少将の弟さんから二通の手紙を手渡された。

一通はさき子さんのお母様が大統領宛に書いた手紙、相当英語に堪能の方が代筆したのであろう、愛する娘の名誉を守ろうとする母の心情が、青いレターペーパーに綿々と綴られていた。

悲しいかな、この手紙は大統領のもとには届いていなかったのだ。恐らく豊島氏から大統領官邸に届けられ、そこで握りつぶされ、副官のサブルさんがずっと保管していたのではなかろうか。大統領の気持ちをおもんぱかって、よかれと思ってそうしたに違いない。

もう一通はすでに茶色く色変わりした、さき子さんがお母様宛に書いたものであった。その内容は、いかに大統領を愛していたか、それ故に死を選ぶというものであった。

インドネシア名前の墓標

じつは私はジャカルタにとどまる決心をした九月末に、大統領から彼女の存在を打ち明けられていた。しかしそのときは過去の人と思い、深く考えることはなかった。大統領はそれほど圧倒的な強さで私の心を溶かしていた。

しかし、十一月三日、二人で誓いの儀式を行った後、意を決して聞いた。

「私には知る権利があります。その日本人女性はどうしたのですか」と尋ねた。

大統領は答えた。

「彼女は死にました」

私は椅子からころげ落ちんばかりに驚いた。声にならぬ声とともに立ち上がっていた。

沈黙が続いた。

大統領は重い口調で話し始めた。

「彼女は私に結婚を迫っていました。そしてふた言めには because I am a woman と言いました。そして彼女はすでに二度手首を切って自殺未遂をして私を苦しめたのです。六月に会ったとき、彼女の願いは叶えられないし、これ以上不幸にすることは忍びないので東京に残ることをすすめたのですが、彼女の方で来てしまったのです」

彼女は自分のプライドを、死をもって守ったのだろう。

大統領は「彼女の死までは、あなたとの生活は喜びであった。しかし、私にとってあなたとのことは大きなリスクになってしまった」と。

私は亡くなった彼女を恨んだ。彼女の死はこれから私を苛《さいな》むだろうさまざまな醜聞を招くことが推察されたからである。しかし、このときは実際にどれほど苦しめられるかわからないでいた。ただ、彼女の自殺事件によって、私の存在が一生封じられるのではないかという不安に襲われていた。そして実際それは想像もつかないほどの苦しみとなっていった。

私は彼女に呪いをかけられたように思えた。私は日本に帰れなくなってしまった。亡くなった人は悲劇の主人公に、生きて大統領の愛を一身に受けている私は悪者と、単純に役を振りあてられた。私は何よりも大統領が日本の週刊誌の餌食になることを恐れた。

その後、さき子さんの記事は何度も何度も週刊誌に出た。白いウェディング・ドレス姿の写真とともに。しかし、この写真は彼女のものではないと豊島夫人は言った。

睡眠薬を大量に飲んださき子さんは陸軍病院に運ばれたが、医師は救うことができず、豊島夫妻に看取られて彼女は亡くなったという。死亡が確認されるとイスラム式にその日のうちに、クバヨランバルのブロックPにあった墓地に埋葬されたと聞いた。今はもう取り壊されて南ジャカルタ市役所の庁舎になっているところだ。

私は大統領にお願いし、私の前に大統領のもとにいた一人の女性、恐らく花を手向ける人もないであろう気の毒な彼女の墓を特別に見舞い、静かに手を合わせた。墓標は彼女の名前ではなくてインドネシア人の名前になっているのを見て、それほど秘密にしておかなければならないと考えた大統領の側近の人たちの恐怖が感じられた。

ずっと後になってから、その頃は私もとても親しくなっていた豊島夫人が彼女のお墓を知りたいとおっしゃったので、早速サブル大佐（当時）に案内してもらって、豊島夫人と一緒にお墓参りをした。インドネシア人名の墓標になっているのを見て豊島夫人は「かわいそうに」と涙していた。

金勢さんの死というスキャンダルは、スカルノ大統領にとって大変な汚点だった。日本企業の中でもスカルノ大統領を好ましく思っていないグループもあり、そういう人たちがスカルノのことを週刊誌等で、激しく攻撃した。

一九五九年のその頃、オランダが全ての船を本国に引き揚げてしまったため船舶不足に悩んでいた一万二千からなる島国インドネシアが、賠償資金で日本からたくさんの船舶を調達することができていたが、その際に手を貸したのは、三井、三菱というような大きな商社ではなく、木下産商という小さな貿易会社だった。

おそらく三井、三菱はスマトラ反乱の際に、反乱軍が勝つと読んでいたらしい。スカルノ大統領はそういうことを知っておられて、従ってこれらの大商社には厳しいまなざしを向けておられた。それ故にこれらの大会社の人たちは、自分たちが計算違いで出遅れたことをかえりみず、いっそう大統領を恨んだようだった。メディアを通じて「賠償汚職」などと悪意のこもった捏造《ねつぞう》記事をもって激しい攻撃を続けたのだった。

大統領の妻たち

金勢さんのことはともかく、その頃スカルノ大統領には正規の夫人が二人おられた。離婚こそしていなかったが、一九五四年から別居中の最初の妻ファトマワティと、ジャカルタから六十キロほど離れたボゴールという町の離宮に住まわされていた二番目のハルティニである。

イスラム教徒は四人まで妻を持つことが宗教的には許されていたが、実際には、妻女たちの同意を得なければならないとか、すべての妻を地位・財産、そして愛情をもまったく平等に扱わなければならないなど、厳しい条件があった。そのため実際には複数の妻を持っている人は少ない。

スカルノ大統領はファトマワティ夫人と結婚する前に、二人の女性と結婚し、離婚している。最初の妻ウタリは、彼がスラバヤで民族運動の師と仰いでいたチョクロアミノトという民族主義者の娘であった。しかしお家再興のための結婚であり、この、まだ熟れていない堅いつぼみのような十六歳の少女をスカルノは妻として扱うことはできず、結局一指もふれないまま彼女を父親に返したという。

その後スカルノは、バンドンで大学生時代に下宿をしていた裕福な家の奥さんと恋仲になり、夫から彼女を奪って駆け落ちした。その十歳年上の妻インギットとは、二十七歳から四十二歳まで寄り添い、十年間におよぶエンデ島とスマトラのベンクルーでの長い流刑時代にも苦難をともにしたが、残念なことに子宝に恵まれなかった。

流刑地ベンクルーで、スカルノとインギット夫人が自宅で塾のようなものを開いていたとき、そこの生徒の一人にファトマワティという女の子がいた。インギットもかわいがっていたその女の子を、スカルノが目をかけるようになってしまった。

それまで十五年間生活を共にしていたインギットはそのとき五十三歳。一方ファトマワティは十八歳で、ほとんど娘といってよい年齢だった。インギットはもはや子供を産める歳ではなかった。そのとき四十二歳になっていたスカルノは、スカルノ家の子孫のことを思い、若く健康なファトマワティに引かれたのではないかと思う。

やがて日本軍が入ってきてスマトラの流刑地ベンクルーから救い出されてジャカルタへ戻されることになったとき、スカルノは彼女と結婚したいという気持ちをインギットに打ち明けたらしい。それを知ったときインギットは怒り狂って灰皿を投げつけた。それがスカルノの額に当たって、私が知り合った頃もその傷跡がうっすら残っていた。

ジャワ島へ戻ってしばらくたった頃、スカルノはジャワの女性インギットと離婚してこの少女を正式の妻とした。結婚後間もなく、スカルノが四十三歳のとき、その妻とのあいだに初めて子宝に恵まれた。日本の占領下で、日本人の助産婦さんのアドバイスも受けて出産したというこの長男グントールについで、三人の娘と、さらに最後にまた息子が一人生まれた。三人娘の一番上は、二〇〇三年からインドネシアの第五代大統領になったメガワティ・スカルノ・プトゥリである。

子宝に恵まれたファトマワティとの結婚生活は十年ほど順調に続いたが、一九五四年にスカルノがハルティニという人妻を見初めて妻にしようとしたとき、その結婚は崩壊してしまった。スカルノは、当初ファトマワティ夫人と離婚する意思はなく、二人の妻を並存させたかったのだが、ファトマワティ夫人がそれを認めず、官邸を出てしまった。スカルノと出会ったとき、ハルティニはすでに前夫と離婚していたのか、それとも不倫だったのかということが問題になった。さらにポリガミー（一夫多妻）に反対して、ファトマワティ夫人に同情するデモが各地で繰り広げられた。

そのとき先頭に立ったのが、ナスティオン将軍（当時は陸軍大佐）夫人以下の陸軍将校夫人と、当時西ジャワ警視総監をしていたエノッホ・ダノブラタの夫人だった。インドネシア史上初の女性のデモ隊が官邸の庭に押し入り、このデモ隊を指揮したのはナスティオン夫人であった。大統領は強く反対されたがために、天の邪鬼的に結婚に踏み切ったのだった。

結局スカルノは自らの希望を貫いたため、ファトマワティ夫人は怒って大統領宮殿を飛び出してしまったのである。恐らく彼女はそのとき賭けをしたのだろう。つまり宮殿を出れば、大統領はあわててハルティニと別れて、五人の子供の母である自分を呼び戻すだろうと思ったのではないだろうか。だが彼女はその賭けに負けた。

国民感情に配慮して、ハルティニ夫人はジャカルタの大統領宮殿に足を踏み入れることを禁じられ、ボゴールに住むことを求められた。それもボゴール「宮殿」そのものにではなく、その敷地内にいくつかある別棟のひとつが用意されたのである。結婚したときすでに五人の子持ちだったハルティニ夫人から、スカルノはさらに二人の子宝、タウファンとバユに恵まれた。

大臣夫人や将軍の夫人たちは団結し、ボゴール宮殿で式典があっても必ず欠席してボイコットしようと申し合わせたのだが、一年たち、二年たつうちに一人落ち二人落ち、そのうちナスティオン夫人とダノブラタ夫人を除いて全員脱落してしまったそうだ。やはりハルティニ夫人が実質的には唯一の正妻であり、ファーストレディーとして振る舞っていたのだから、仕方なかったのであろう。

大統領は自分だけが非難を受けるのは承服しがたいというかのように、あるとき私に「でもファトマも私を裏切ったことがあるんだよ」とそっと打ち明けたことがあった。

日本が無条件降伏した一九四五年八月十五日の二日後、アジアで独立宣言の一番乗りを果たしたスカルノは、再び戻ってきた旧宗主国オランダと独立戦争に突入していた。その最中の一九四八年に、スカルノがオランダ軍に逮捕されて身柄を拘留されていたとき、ファトマワティ夫人は、当時大統領の一家が住んでいたジョクジャカルタの宮殿の執事をしていたジョクジャカルタ王家《クラトン》のプリンスと関係を持ったのだそうだ。

監獄から出てそれを知った大統領は夫人の裏切りに怒ったが、そのときは事を公にせず胸に秘めておかれた。不倫のことを知っている周囲の人たちは、ジョクジャカルタの王家《クラトン》のプリンセスをスカルノに紹介しようと画策したが、大統領は妻の不倫を不問に付してファトマワティとの離婚を避けた。

大統領はなかなかの政治家で、自分がバリとジャワの混血であることを意識し、妻のファトマワティがスマトラ人であることは多民族国家の元首としてとてもバランスがよいことだと考えておられ、さらにそのあいだに生まれた長女メガワティは、スラウェシの人と結婚させたいと日頃から言っておられた。

文化も歴史も言語も異なる多民族をかかえたこの国をうまく統合していくために、人種間のバランスを取らなくてはならない。そういう意味で、日本の戦国時代の武将のような政略が大統領には必要だったのかもしれない。

ファトマワティは、大統領がいないときにはしばしば宮殿を訪れて子供たちと面会し、子供たちの好物の料理を作ったりしていたようだ。しかし、決して大統領とは顔を合わせることはなかった。

国民の中には、何とかファトマワティとよりを戻せないかと願って、ことあるごとに彼女を担ぎ出そうとする人たちがいるようだった。私が後に大統領夫人になったある日、官邸での行事に、ファトマワティ夫人を誰かがイヴ・ネガラ（国母、ファーストレディーの意）として出席させたことがあったようで、大統領が私のところへ戻って来られて、

「今日は不愉快だった。ファトマワティが来ていた。隣に座らせることはできないので、ジュアンダを間に座らせた」

と不機嫌におっしゃったことがある。

日陰の女

スカルノ大統領は、ハルティニとの結婚に際して持ち上がった反対運動に懲りていたうえに金勢さんの自殺というスキャンダルもあり、私とのことは極力秘密にしておかざるを得なかった。しかし私はそんなことは何とも思わなかった。私にとってスカルノ大統領は世界でただ一人の人となっていた。

私はひと呼吸するたびに彼を慕い、全身全霊を捧げていた。ただひたすらに献身することに喜びを感じていた。私は国父スカルノに心酔していた。いま顧みれば大それた野心だが、当時の私は、自分が日陰者として死んでもいい、世界の歴史にかつて登場しなかったような女性になれれば本望だと思っていた。

しかし、結婚を強く望んだ金勢さんがそれを得ることができず、そんなことは問題外だと考えていた私の方がスカルノとの結婚を得ることになる。

私の場合、最終的には公になるのだが、少しずつ、少しずつ、私の立場が浸透していったため大きな反対運動は起こらずに済んだのだ。スカルノは私が世間の人たちと接触を持つのを嫌っていたが、恐らく一つには国民感情を恐れていたことがあるが、何よりもボゴールのハルティニ夫人に私の存在が知られることを恐れていたのだろう。

ハルティニ夫人はジャカルタに多くのスパイを持っていたので、色々なことが筒抜けであった。故に夜に来られる大統領を待っているあいだ、私は自由に出かけることもできず、以前ニューヨーク国連代表部につとめていたラッファムリヤティ女史からインドネシア語を習い、フランス語の勉強をしたり、ピアノを習ったりしていたが、そうした不自然な毎日に若い私は疲れを感じたのも確かだ。

大統領は月曜日から金曜日まではジャカルタにいらして、その後金曜日の夕方からボゴールへ移動して、月曜日の朝までをハルティニ夫人のもとで過ごした。ハルティニ夫人は、ウィークデーのあいだ、大統領の側に女性が近づくのではないかということに関しては異常なまでにアンテナを張りめぐらしていたようだ。

私が外国人だったことが、大統領との関係をぼかすうえでは幸いしていたようである。官邸でのレセプションのときなど、日本人のZ氏夫人、というようなことで紹介されたこともあったと思う。

スカルノの子供たち

最初に訪問した当初から、私は久保氏と一緒に大統領宮殿へも招かれた。大統領宮殿は、ジャカルタ市の中心部の、スカルノ大統領が造られた独立記念塔のある大きなモナス広場に面したところにある。植民地時代は総督の官邸、日本の占領時代にはここを統治していた日本軍司令官の司令部兼官邸だった。

広大な敷地内には、大統領が執務をとり、また住居としても使っているムルデカ宮殿《イスタナ》を中心に、その隣には国の行事や国賓のゲストハウスとして使われるネガラ宮殿《イスタナ》がある。建物はヨーロッパ式の白亜の殿堂で、天井からは四階分ほどの高さの大きなシャンデリアがぶら下がっており、風が吹いて鳴るクリスタルの音は、それは心地よいものだった。

大統領と二人だけで会うときは、ネガラ宮殿の迎賓室へ通されたが、ゲストの一人として、久保氏や一般の方々とともに式典や午餐会や晩餐会などで大統領宮殿へ招かれて行くときはムルデカ宮殿に通され、そこではスカルノの子供たちと顔を合わせることもあった。

母親ファトマワティは宮殿を出てしまったが、子供たちは愛する父とともにそこで生活していたのだ。後に大統領になるメガワティはその当時十二歳の少女で、宮殿の広間で妹たちと一緒に民族舞踊のレッスンを受けていた場面をよく覚えている。そして国賓を迎えた席や国家行事の際にはよく彼女たちがジャワの舞踊を披露した。子供たちも恐らく最初は私のことを、日本から来たお客様の一人と思っていただけだと思う。

しばしば顔を合わせるようになると、やがてパパにとても近い女性、パパが大事にしている女性、パパが愛している女性ということが徐々にわかっていったと思う。

家族が住むムルデカ宮殿には、大統領と長男と次男が右側のクォーター、三人の娘は左側のクォーターにそれぞれ一部屋ずつ与えられていたのだが、後に大統領は私のために一部屋用意してくださり、ムルデカ宮殿の右側のクォーターに滞在するようになった。恐らくその段階になると、彼らは私が父親の愛人なのだとはっきり悟ったと思う。

五人の子供たちのうち、あまり会うことがなかったのは長男のグントールで、大統領の方も私を彼に紹介するのをためらっていたようだ。大統領によると、グントールは母親っ子ということであった。日本の占領下に生まれ、両親の別離のときにはすでに十歳になっていたこの息子は、自分の母親の幸福を奪う「敵」と思われる人間は、誰であれ許せなかったのであろう。また、ファトマワティ夫人も長男をご自分の随一の味方として利用し、スカルノに対して抵抗を試みたに違いない。

後に彼が書いているものによれば、やはり彼自身は母ファトマワティを傷つけるような女性たちの存在を快く思っていなかったようだ。しかし父親とのあいだに一種の「紳士協定」のようなものが存在し、グントールはそのような女性たちと顔を合わせるのを拒否する権利、妹たちが彼女らと接するのを禁止する権利を持つとともに、スカルノは女性たちをムルデカ宮殿には入れないことを約束する。そしてその見返りとしてグントールは、イスラム教徒としての父が複数の妻を持つことを尊重したという。

大統領はひどいイタズラっ子のようなところがあり、私を堂々とグントールのところに連れていき、日本からの大切なお客様の「Z夫人」と紹介し、握手をさせたことがあった。それからどれほどの月日がたった後であろうか。私がムルデカ宮殿の自分の部屋から出て行くと、廊下に立っていたグントールにぱったり出会ってしまったのだ。日本の「Z夫人」でないことはそのとき発覚したことだろう。

母ファトマワティにお父さんの新しい妻のことを話すと、

「あなたたちのお父さんは綺麗な人が好きだからね」

と言って話を避けたという。

「スカルノの子供たちもデヴィの美しさは認めていた」とインドネシアで出版された本に書かれている。次女のラッハマワティによれば、「デヴィ夫人の美しさはハルティニ夫人と比べものにならなかった」と述懐している。

初めての帰国

初めての帰国は一九六〇年五月だった。まだ私は「陰の女性」で、大統領府の外ではまったく秘密の存在だった。もちろん警備もなければインドネシア大使館の出迎えもなかった。あの頃は一人で旅行するなどということは考えられなかったため、多分東日貿易の番頭の桐島氏とご一緒だったのではなかったかと思う。一九五九年九月に二週間の訪問のつもりで国を出たまま長い滞在になってしまったが、その間、久保氏が「お母さんと弟さんのことは僕に任せろ」といって全面的にお世話をしてくださっていた。

母は私が無事に帰ってきたことをそれは喜んだ。私が自慢の娘だったから、とても寂しかったようだ。その頃母と弟は、私が出発する前から借りていた原宿のセントラル・アパートに住んでいた。

私はインドネシアでの生活について、母が心配するようなことは一切口にしなかった。イスラムに入ることに反対で、母は大統領との結婚に賛成しなかったというようなことがどこかに書かれていたが、そんなことはない。ただ大統領には奥様がいらっしゃるだろうから、娘の立場はどうなるのだろうかという不安は大きかったようだ。それより、心の底から私に日本にいてほしかったのだと思う。

母はとても私に会いたがっていたのだから、日本に滞在中はなるべく一緒にいてあげればよかったのに、私は築地「新喜楽」の蒲田良三夫妻としきりに会ってばかりいて、あまり母の傍にはいられなかった。

蒲田氏の実母の姉は新喜楽の大女将で、戦前アジアで成功した千田商会の社長の愛人だった。戦前は社長と一緒にプノンペンやシンガポールなどに旅行しておられ、そのために東南アジアへの関心がとても強かった。私はインドネシアへ行く前に子供のいないこの大女将に可愛がられて、養女にしたいなどという話が持ち上がっていたことがあった。

一方、偶然なのだが、スカルノ大統領は一九五八年（昭和三十三年）の来日以来、日本へ来られると外務省のご招待で、伊藤博文はじめ黒田清隆や井上馨、吉田茂、岸信介など歴代の首相や宮様では高松宮御夫妻、三笠宮御夫妻などを迎えたこの新喜楽によくいらしていた、いわば常連で、大女将を「大きいママ」とか蒲田氏の母親を「小さいママ」などと呼んで贔屓にしておられたので、蒲田夫妻も大統領のことはとてもよくご存知だった。

こういうことを思うと、私はいずれ大統領の目にとまることになっていたのだと思う。人はこれを「運命の赤い糸」と呼ぶ。それで私も蒲田ご夫妻の前では心置きなく大統領のお話をすることができたのである。お二人は今でいう私の「ブレーン」であった。

この帰国のときに、私は等々力三丁目に庭付きの百坪の家を見つけて母たちのために買ってあげた。いつかこの土地に立派な家を新築しようと思ったのだ。

私が再びインドネシアへ戻ることになったとき母は、まるで子供のように「どうしてまたインドネシアへ行くの？」と訴えた。新しい家に移って近所付き合いもなくなり、インドネシアという想像もつかない、簡単には連絡もとれないところ（当時は電話もほとんど通じなかった）に行ってしまう娘を嘆き、寂しさで気も遠くなる思いだったに違いない。

心を病む母

母をインドネシアへ連れて行きたいと考えたが、高血圧で飛行機の旅に耐えられないだろうということで諦めた。それに母を連れて行くと弟が一人になってしまう。弟をカリフォルニア大学に入れたかった私は、弟までインドネシアに連れて行くことは考えられなかった。そんな二人に

向かって私は、

「私という娘があったことは忘れて。今、私には新しい義務があるの」

などと非情な言葉さえ口走っていた。

一九六一年六月、私は二度目の帰国をした。大統領はご自分の政治理念を通すため、米ソの二大勢力に第三勢力を加え、世界のパワー・バランスを保つため、毎年六月に中立国、社会主義国、アジア・アフリカ、ラテンアメリカ、アラブ諸国を回られていた。ちょうど大統領が外遊に出ていらした時期に私は里帰りしたのだ。

その頃、親子三人が福島に疎開したとき面倒を見てくれた伯父と姪に、寂しがる母と一緒に住んでもらっていたが、私を取り上げた週刊誌の書き方がひどかったため、母はとても傷つき、心が病んでいたようだった。私がいるときに、「箪笥から人が出てくる」と言ったり、夜中に誰もいないのに、「いま玄関に誰か来たから開けてちょうだい」などと変なことを言うようになっていた。

このときの滞在中に、等々力の家の庭に家を建てることにし、蒲田氏のご紹介の設計士の方に設計していただいた。ところが建築が始まったちょうどその頃、母が突然倒れて昭和医大の病院へ搬送され、脳軟化症と診断された。

私は入院中の母を従兄弟たちに託して後ろ髪を引かれる思いでインドネシアへ戻らなければならなかった。心を鬼にして、振り切るように母の病室を出る私に、「七保子ー」と呼ぶ母の、悲鳴にも似た声がいつまでも私の耳にまとわり残っていた。断腸の思いであった。

一生私を苛み、苦しめることになる母の悲鳴であった。大統領は私を必要としている。大統領をいっときも一人にしておくことはできないと、私は思いつめていたのだ。ただ一途に、大統領のためだけに献身的に生きるのだと、私は気負っていた。

弟は早稲田大学に入ったが、等々力からは遠いということで、六本木にアパートを借りて一人で住んでいた。二人のために心をこめて建てたこの家に二人が住むことはなかった。

ジャカルタの邦人社会

いくら大統領府がひた隠しにしていても、その頃ジャカルタの日本人社会はすでに私たちのことを知っていた。当時は、ジャカルタの邦人社会といってもまだ非常に小さく、賠償事業の実施のために来ている会社の駐在員か、日本に留学したインドネシア人男性と結婚してやって来た女性たちなどがいる程度であった。

前に述べたように、元外務省のお役人だった木下産商の豊島氏との関係もあって、黄田大使は当初、東日貿易とリンクされていた私とはいささか疎遠だった。しかし、私と大統領の関係が確定的なものとなってくると、接点も増えてきた。とくに松子さんという私より二歳ぐらい年上のお嬢さんがおられて、私はその方をバリにお誘いしたりして親しくしていた。

とはいえ日本大使館は、儀典上、私をどう扱ったらよいのか戸惑っていたようだ。それが一番如実に出たのは、皇太子殿下御夫妻の訪問（一九六二年一月二十日〜二月十日）を前にしたときだった。両殿下に私のことをどう紹介すればよいのか、大統領に依頼を受けた現地の大使館は思案の上、大使は入江侍従長と話し合って儀典上何らかのアレンジが整えられていた。

しかし、一九六一年の暮れに「母の状態が思わしくないので至急帰ってくるように」との電報を弟から受け取って私が日本に戻ったため、皇太子殿下御夫妻の訪イのときには、お二人にお目にかかることはできなかった。

母と弟の死

「ハハキトク　スグカエレ」という電報を弟からもらって急遽、帰国したのは一九六一年暮れのことだった。

私が日本に戻ったとき、母はすでに意識がなかった。私は自責の念にかられ、母に許しを乞いながら最後の親孝行と思い、毎日病院につめた。蒲田氏に依頼された昭和医大の上条先生はベストを尽くし母を八カ月守ってくださったが、ついに二月四日に帰らぬ人となった。

いよいよ臨終というとき、私は義兄と義姉を呼んだ。義兄は目もあけず、口もきけない母を見て、「何でもっと早く呼んでくれなかったのか」と涙した。義兄は義兄なりに母に愛をもっていたのだ。

なぜ私はあれほどかたくなに彼を避けてしまったのか。それは子供時代に体験した恐怖だった。

酔った勢いで私のところに来たらと思うとゾォーッとした。ましてそれが人前でのことだったら私は気絶してしまうことだろう。しかし「お袋さん」と呼んで涙している彼を見たとき、私は何と罪深い人間なのかと思った。

初めて日本に帰ったとき、母に「彼らと縁を切ってほしい」と言った私。しかし、寂しさで病に倒れた母を想うと、義兄や義姉がときどき遊びに来たり、お見舞いに来てくれていた方が、伯父や従兄姉たちがそばにいるより母は嬉しく安心し、もしかしたらまだ元気でいられたかもしれない。

母に続いて弟までが命を絶つほど思いつめることはなかったかもしれないと思い、自分を責めたのだった。

母が亡くなる瞬間、それまで四十日間も声を出せずにいた母が「七保子、七保子」とはっきりと七、八回叫んだとき、私はナイフで心臓をえぐりとられるような痛みを感じた。

結局、新しい家を見ることなく母も弟も亡くなってしまった。そして母と弟はとうとう大統領に一度もお目にかかる機会がなかった。

母の病床に四十日間つききりであった私は、弟が悩み苦しんでいることに気がつかなかった。弟は私の留守中、殖産住宅のセールスマンの口車に乗せられ、母と弟のために建てようとしていたアパートの積立金と、カリフォルニア大学への留学資金に取っておいたお金まで貸して不渡手形をつかまされていたのだ。

そして弟は私の留守中、継父との仲がうまくいっていなかった親戚の娘の綾子さんが私の家に転がり込んできたことも言えないでいた。同じ屋根の下に住む十八歳と十九歳の若い者同士であり、二人はいつの間にか結ばれていた。そして私が帰国した頃、彼女は妊娠していたのだった。

他にも私にははかり知れない悩みがあったのかもしれない。あの気の弱い、おとなしい弟八曾《やそ》男《お》がウィスキー一本を持って高校時代の先生に会いに行ったという。先生は留守であった。思いあまった弟は北海道へ移住した高校時代の親友に会いに行ったそうだ。汽車で津軽まで行ったが、北海道を目の前にしながら親友にも会えなかった。連絡船がストで運航していなかったのである。

傷心の弟は再び汽車に乗って東京へ戻った。車中悪夢にうなされ続けたそうだ。六本木のアパートに戻り、電気もつけずにいると、昭和医大の看護婦長から母の死を知らせる電話があった。心身ともにズタズタになった弟。その夜、皆が寝静まった後、お棺の蓋を開けて母の髪をなでながら、嗚咽していた。

翌二月五日、赤坂の浄土寺でのお葬式のとき、私は隣に座った弟をみつめ「この世の中に二人きりになってしまった。支えあって強く生きようね」と心の中で言い、明日高島屋へお香典返しを買いに行くときに、このことを言おうと決めた。

四十日間の看病で私はへとへとに疲れていた。六日の朝八時頃、電話のベルが長く長く鳴った。誰もが疲れ切っていて、起きて電話を取ろうとしなかった。

その日の朝十時に六本木のアマンドで弟と待ち合わせしていたが、彼は現れなかった。電話をかけたが応答はなかった。その頃弟は死出の旅を急いでいたわけだが、私は応答がないのは不在と解釈してしまい、家まで行かなかった。

その日の夜は風が音を立てて吹く寒い寒い夜であった。

綾子さんの弟清次さんからの電話で弟の住まいに駆けつけると、すごい臭いが立ちこめたガスの中で弟は冷たくなっていた。弟の遺体に駆け寄ろうとしたら、「さわっちゃ、だめだ」と体格のいい男たちにさえぎられた。「麻布警察の者です」という。「自殺か他殺かわからないから、調べが終わるまで待ってください」ということだった。姉だというのに、遺書もあるというのに。悲しみにひたる間もなく、私は麻布警察に行った。

私は「悪魔よ、悪魔、弟の息を吹きかえさせてくれたら、我が身をお前に売ってもいい」と叫んでいた。この世に神も仏もあるものかと思った。

二月六日、この日は何と私の二十二歳の誕生日であった。

後にこの砂山綾子、清次の姉弟に私は苦い思いをさせられることになる。四十年間外国に住んだ後日本に戻ったとき、弟の死の第一発見者であった清次に弟の面影を見出し、心が少しセンチメンタルになっていた私は、何と四千万円もの散財をさせられる破目になったのであった。しかし、天罰であろうか。ある日彼は酔って不慮の死を遂げた。姉の綾子さんはその後結婚し、子供を授かったが、その愛児を失うことになる。

愛する母と弟を一度に失うことになった悲劇に、悔やまれることはいくらでもあった。久保氏がもう少し弟の精神的支えになってくださっていたら。ずっと入院していた母を久保氏は一度も見舞いに来てくださらなかった。弟を連れ出して、「お姉さんのことは心配しなくていいよ」とひと声かけ、親身になって相談にのってくださっていたら。

今のように電話を簡単にかけられる時代ではなかったため、私とのコミュニケーションなど、無に等しかった。ジャカルタから母や弟に国際電話をかけるとしたら、電信電話局の中央事務所に行って、申し込んでから長く待たないと繋がらない。また、そういうところにはいつも日本の商社の人が出入りしていた。そのため、どんなに声が聞きたくても、母や弟と国際電話で話したことは一度もなかった。

母と弟が亡くなってから建築を終了した素敵な家は、国営貿易会社CTC（セントラル・トレーディング・カンパニー）のインドネシア人支店長夫妻にお貸しした。

その頃の週刊誌は、私が帰国していることも知らなかった。ひどいことを書いても、私の家をつきとめてまで取材を、ということはなかったので、わからないで済んだのだ。

私がインドネシアへ渡って間もなく、日本航空の千田図南男《となお》氏が蒲田氏の紹介でジャカルタにお見えになって、ジャカルタ―東京間にＪＡＬの路線を引きたいので大統領に取り次いでほしいと言われ、骨を折ったことがある。大統領は合計九回の訪日をされているが、全てパン・アメリカンのチャーター機であった。だからこの路線は私が引いたと自負している。しかし、当時インドネシアは国際路線の契約に慣れておらず、ＪＡＬとガルーダ・インドネシア航空との最初の契約は圧倒的にＪＡＬに有利なものであったと、後で聞いた。

第3章

大統領夫人に

「宝石の精なる女神」

一度に私を襲った母と弟の悲劇的な死。とくに弟の自殺については死を防ぎ得たのではないか、私が気負わず、もっと優しくしていたら弟を救うことができたのではないかと悔恨にうちひしがれながら、私はジャカルタに戻った。事ここに至っては全身全霊をあげてスカルノ大統領を愛する以外に生きる道はないのだという覚悟には、潔さからくる陶酔があった。

私はもはや日本に未練もしがらみもなくなったのだ。母と弟亡きいま、私は日本人である必要はなくなったのである。これを何らかの天啓と思わずにいられようか。傷心の心を抱いてインドネシアに戻った私を、スカルノは固く固く抱きしめ、「これからはお前の幸せだけを思って生きる」と言ってくださった。

一九六二年三月三日、大統領官邸のモスクでレイメナ副首相、サイフディン・ズブリ宗教大臣、大統領親衛隊長のサブル大佐が陪席して改めて結婚式を行った。

元首との結婚にあたって二重国籍はあり得ないため、私は日本国籍から除籍の手続きを行い、正式にインドネシア国籍を取得し、根本七保子からラトナ・サリ・デヴィ・スカルノになった。ラトナ・サリ・デヴィとはサンスクリット語で「宝石の精なる女神」という意味で、スカルノ大統領がつけてくださった。

ラトナ・サリ・デヴィ・スカルノと書かれたパスポートを見て、私は身の引き締まる思いがした。そして、一層大統領のために生きる決意を固めたのだった。

一九七〇年に大統領が亡くなったその晩、サイフディン・ズブリ元宗教大臣が私のところに来て、「これは大変重要なものです」と言って婚姻登録証（surat nika）を手渡してくださった。私はそんなものがあること自体知らなかった。スラット・ニカなるものを見て驚いた。婚姻は一九六一年一月十日とあり、登録されたのは一九六六年一月二日、私がカリナを産む二カ月前であったことがわかった。

なぜ婚姻が一九五九年でも一九六二年三月三日でもなく一九六一年一月十日なのか。一九五九年の秋、私が腹痛を起こして、大統領が妊娠と間違われたことがあり、そのときに「I shall marry you」と言われ、その年の十一月三日に二人で生涯を誓い合ったのだが、結婚に死を賭した女性がいるのに、妊娠と誤解されて結婚することは私の結婚に対する倫理観に背いていると大統領に強く抗議した。そのため大統領は、サイフディン・ズブリ氏に婚姻の日を任せたのではないかと思う。

マスコミのバッシング

私が正式の大統領夫人になってから、日本のマスコミのバッシングは一層ひどくなった。恐らく反スカルノ派が流していたのであろう。直接取材など一切なく、書きたい放題であった。私はじっと耐え忍ぶほかなかった。いつか真実が勝つ。いまに見ておれとじっと我慢してきた。

大統領には、私の前に金勢さき子さんという日本女性がいて、私がインドネシアへ行くのと前後して命を絶った。

相手が大統領でなくても、その種のアフェアにはスキャンダルになるお膳立てが整っていた。大統領ということになれば、なおさらであった。スキャンダルは流布され、週刊誌を賑わし、怪文書までばらまかれ、機に乗じて日本政界の反スカルノ派が国会で、岸信介首相―木下産商―金勢さき子の結びつきを究明しようという騒ぎにまでなった。

結婚後も大統領が長く私のことを秘密にされ、私も自分の存在を極力他人の目から隠したのは、このようなことがあったからだった。

齋藤鎮男元駐インドネシア大使によると、あるときそれを見かねたスカルノ大統領が「日本の雑誌には大統領たる私に対する誹謗記事が多すぎる。これを取り締まらなければ東京へは行かない」と言ったことがあるという。

それは具体的には私に関する中傷記事であったが、大統領はたいそう心を痛めていてくださったのだ。そしてこれを受けた橋本登美三郎官房長官が、各社の責任者に筆の調子を抑えるよう要請したそうである。

五十年前の日本は今のように開放的でなく、まだ非常に閉鎖的であったこと、大統領をめぐって一人の女性の自殺者を出していたこと、私が三番目の妻となったこと、ホステスをしたことがある女性が大統領夫人になることへの反感といったことなどがバッシングの背後にあったのだろうかと思われる。

私は守護してくれるものを持っていなかった。雑誌社の経営はいずれも広告の収益の上に成り立っているのだが、もし私に大きな広告を載せているような大会社の知り合いがあったら、官房長官より早く記事を取り下げさせる効果があったのではないだろうか。

ハルティニ夫人

イスラムでは次の妻を娶《めと》る場合には、一応前の妻の同意を得なければならないことになっているのだが、大統領はハルティニ夫人に私の存在はひた隠しにしていた。トラブルを避けたいという男の心情であろう。子供が生まれるようなことがあれば、ハルティニに確実にわかってしまうので、大統領はそれを是が非でも避けようとしておられたようで、後に私が妊娠したとき、出産のために日本へ行かせたのはそのためだったと思われる。

大統領が妻たちとのあいだに波風を立てないようにするために、いかに苦労しておられたかについて、一九六〇年十一月から六七年六月まで大統領副官を勤めていたバンバン・ウィジャナルコは、「自分たち傍に仕える者は秘密を守ることや、夫人たちが鉢合わせしないようにうまく段取りをつけるために最大限の注意を払い、しばしばお芝居を演じなければならなかった」と述べている。

秘密にしておこうという大統領の気遣いのために、私は正式の結婚後も、しばしば屈辱的な目にあわなければならなかった。

『ニューヨーク・ポスト』のシンディ・アダムス記者に大統領が口述して、一九六五年に出版された『スカルノ自伝』の中では、ハルティニ夫人の記述はたった一行であったが、私のことはまったく触れられていない。

大統領が世界旅行をなさるとき、私は唯一大統領特別機でご一緒した妻だった。しかし、日本へ行くときだけは違っていた。ご一緒に到着するのではなく、一足先に行って、宿舎の帝国ホテルで合流するような形をとったりしたのだ。

国内では国民とハルティニのことを考慮し、私をあまり表面に出さないようにしていたが、外遊のときは、もっぱら私がお供したのだった。

パキスタン、フランス、イタリア、オーストリア、ブラジルなどへ行った。一方ハルティニは大統領と一緒に外遊することは一度もなかった。英語もオランダ語もおできになるのだが……。

ハルティニを外国へ同伴すると国民が皆知るところとなるが、私を連れて行っても国民に知られなくてすむ、と考えられたのかもしれない。それより、私のほうが国際的であり、外国人受けするという点で適していると考えられたのかもしれない。

あの頃外遊なさる大統領は、パン・アメリカン航空の飛行機をチャーターしておられた。国内視察は、ジェット・スターという大統領専用機を持っておられた。パンナムは大統領のために美しいスチュワーデスを揃えていた。大統領にお供するのはいつも同じメンバーで、その頃のスチュワーデスとは五十年たったいまでもお付き合いがある。

ヤソオ宮殿

やがて大統領が私のために邸宅を建ててくださることになり、インドネシア国籍を取得してからおよそ一年たった一九六三年二月六日、私の二十三歳の誕生日に、大統領はジャカルタの一等地に五ヘクタールの土地をプレゼントしてくださった。街の中心部を東西に走るガトット・スブロト通りという幹線道路沿いの一帯で、街を南北に走るスディルマン大通りとはセマンギの立体交差点で交わっている。いまはこの道沿いに空港へつながる有料高速道路ができて非常に交通量の多いところだ。

私がこの場所を選んだのは、ハルティニ夫人がボゴールからジャカルタへやってくるときには必ず通らねばならない道筋だったからだ。そして大統領が、官邸(ムルデカ宮殿)からボゴール

＊訂正とお詫び

本文中の記述を左記のように訂正し、お詫びいたします。

97ページ本文5行目（小見出しは含まず）

× 中国には四兆円 → ○ 中国には資金援助等の名目で三・四兆円

へ行くときも、車であれヘリであれ、ここを通らねばならない。私なりに、そのような勝気な計算をしたのだった。

その頃はまだ静かなたたずまいを見せていたガトット・スブロト通りのこの敷地に、一年後には私が好きなバリ風建築の館が建てられ、私は弟八曽男《やそお》の名前をとってヤソオ宮殿（ウィスマ・ヤソオ）と名づけた。

この館が出来たとき、大臣方を招いて盛大なレセプションが開かれ、当時のデヴィッド・チェン建設大臣から、赤いベルベットの上に載せられた黄金の鍵が手渡された。

これを機に、私は公私ともに大統領夫人として活躍できるようになり、それまでの苦労が報われる思いがした。母と弟の死を無駄にすることなく済んだという気持ちだった。

このヤソオ宮殿では、中野美瑛子さんという日本の女性が住み込みで秘書として働いてくれた。彼女は、ホテル・インドネシアのアーケードに開店した、当時としては最新の綺麗な美容室で働いていた美容師だった。

日本で美容師の人材を募集したとき、田澤さんという女性と一緒に応募してきたのだった。田澤さんは結婚していたので、一年そこそこで帰られた。そのとき私は中野さんに「あなたは独身だし、よかったら残って、私の付き人兼秘書になっていただけない？」と誘ったところ快諾してくれたのだった。

中野さんは私とほとんど同世代で、二歳くらい若かったと思う。ホテル・インドネシアが出来たのが一九六二年で、中野さんはその一年後に私のところへ来て、政変後の一九六七年頃までヤソオ宮殿で働いてくれた。ちなみにその美容院はその後、サブル少将の奥様が引き継いで、以前からそこで働いていたインドネシア人スタッフを使って経営していた。

ヤソオ宮殿にはそのほかに日本人の料理人がいた。大統領は日本料理がお好きだったので、ジャカルタの大統領官邸で日本料理を作れる人をということで、東京のインドネシア大使館が募集して採用したのである。先に岡田眞作さん、そして後から菊地さんに変わった。

「なでしこ会」

ヤソオ宮殿が出来てから、インドネシアへ嫁いできている日本の女性たちと一緒に「なでしこ会」という会を結成し、よく集まった。戦前、戦争中に日本へ行った留学生のうちの何人かは日本女性と結婚して帰国してきていた。あの頃そういう奥様方がジャカルタに四、五十人くらいいたと思う。

戦前に日本へ留学した方は、そう沢山いるわけではない。

インドネシアからの初めての留学生が日本へ行ったのは、一九三〇年代の初めであったと聞いているので、戦前の留学生の渡航は、それから開戦までのせいぜい十年ほどのことである。当時のエリートは、留学といえばほぼ全員がオランダへ行ったものである。そのような時代に、あえて日本を留学先に選んだというのは、彼らが日本のアジア主義的な思想に共感したからであった。

もちろん誰もが私費留学生であった。

日本とオランダの関係は決してよくなかった時代であったから、息子が日本へ留学しているというだけで、親はオランダ当局から監視されたり、本人たちも帰国と同時に官憲につけまわされたり、苦労されたようだ。

そんな時代からすでに留学生が日本へ行っていたこと、そしてそういう方々と結婚した日本女性がいたということは私には驚きだった。そのなかにはジャカルタで美容院を経営していた芦屋出身の美しいアミール・ハッサン夫人、ご主人が外交官になられたウマルヤディ夫人などがいた。

一方、戦時中、日本がインドネシアを占領していた時代には、日本政府の招待でかなりまとまった数の留学生が東南アジア各地からやってきた。「南方特別留学生」と呼ばれた人たちで、インドネシアからも一九四三年（昭和十八年）と四四年の二度にわたって計八十数人が行ったそうである。

終戦によって奨学金は断ち切られたが、多くの方々が独力で残って勉学を続け、一部の人はその間に日本女性と結婚した。バティック（ジャワ更紗）の収集家として有名な医師の妻ケイコ・アドナンさん、商務省の役人の妻となったブディアルジョさん、また創価学会のインドネシアでのリーダーとなったセノさん、外務次官のウマルヤディ夫人、美容家のアミール・ハッサン夫人、それから文部省のお役人だったアマンクさんの奥様らがいた。また私がジャカルタへ行った最初の頃から世話をしてくださっていたウトロさんの奥様もそういう一人だった。

戦前組も戦中組も、両国の政治情勢のためにほとんどの方々が、一九五〇年代になってようやくインドネシアへ帰国できたのである。だから私よりは数年先にインドネシアへ嫁いでいかれた先輩たちというわけで、年齢的にも私より十歳以上年上の方が多かった。

当初、「なでしこ会」は単に親睦のために集まっていたが、そのうち彼女たちが意外とインドネシアの文化や歴史、そして政治を知らないということで、ルスラン・アブドゥルガニ博士に講義をしていただいたり、夫は日本語がペラペラなのに妻のほうはインドネシア語があまりできないことから、日本大使館の一等書記官の永井氏（後にロスアンジェルス総領事となった）からインドネシア語を習ったりした。アブドゥルガニ博士は、外務大臣などを歴任され、一九五五年のアジア・アフリカ会議（バンドン会議）のときにスカルノ大統領の右腕として活躍した人物だ。

前に述べたように、私はチドリアンに住んでいた頃、当時内閣府の職員で、国連のインドネシア代表団のメンバーをつとめていたこともあるラッファムリヤティという女性からインドネシア語の個人教授をしてもらっていた。

しかし、あまりプラクティスする機会がなく、私のインドネシア語はなかなかうまくならなかった。大統領とのコミュニケーションは初めから英語だったし、当時上流社会の方は皆英語が上手だったから、あまりインドネシア語を使う機会がなかったのだ。しかもインドネシアの上流夫人はおしとやかに家にいて、外を歩き回ることはなかったので、なおさら使う機会がなく、普通の日本人が半年あればマスターしてしまうインドネシア語の習得に時間もかかったが、この頃に

ヤソオ宮にて。後方の私の肖像画家は バスキ・アブドラ画伯。1964 年 2 月

大統領官邸、ムルデカ宮殿にて。1959 年

大統領官邸、ネガラ宮殿にて。1960 年

バリ島の タンパクシリングの屋台にて。左端はウトロ。
私の隣は大使令嬢、黄田松子。
1960 年

タンパクシリングの宮殿の 蓮池の前で結髪。髪を結っているのは 中野美瑛子。

大統領官邸庭園。後方は「誓いの儀」を行ったイスラム寺

ヤソオ宮殿外観。ジャカルタ。1963 年 冬

大統領官邸、ムルデカ宮殿にて。1961 年

右から イラン、アシュラフ·パーレビ王女、カンボジア、シアヌーク殿下、王女の夫君、ブッシェリー博士。

右は中国、周恩来首相。1964 年

カンボジア、シアヌーク殿下と モニーク妃殿下。ネガラ宮殿にて。1962 年頃

左からスハルト准将、ルスラン・アブドゥルガニ大臣、スルタン・ハメンクブオノ殿下、2人おいてパキスタン大使、レイメナ第一副首相、アダム・マリク外務大臣。1965年秋

佐藤栄作首相と。首相官邸にて。1966年1月

タイ、シリキット王妃陛下と。1980 年代

大統領官邸での新年会。ハイルル・サレ通産大臣と。

ジーナ・ロロブリジーダ撮影。1965 年 6 月

女優ジーナ・ロロブリジーダと、
ローマにて。

左より、劇場オーナー、ラウス・シュミット、イングリット・バーグマン夫妻、インドネシア財閥ダサード、ヤソオ宮にて。1964年

北炭の 萩原吉太郎氏邸にて。日本医師会 武見太郎会長と。生まれたばかりの カリナを抱いて。1967年夏

3 枚とも、バスキ・アブドラ画伯が描いた 私の肖像画の前で。ヤソオ宮。

サリーを着て 愛犬お茶々を抱いている 私の肖像画の前で。

着物を着た肖像画と私。

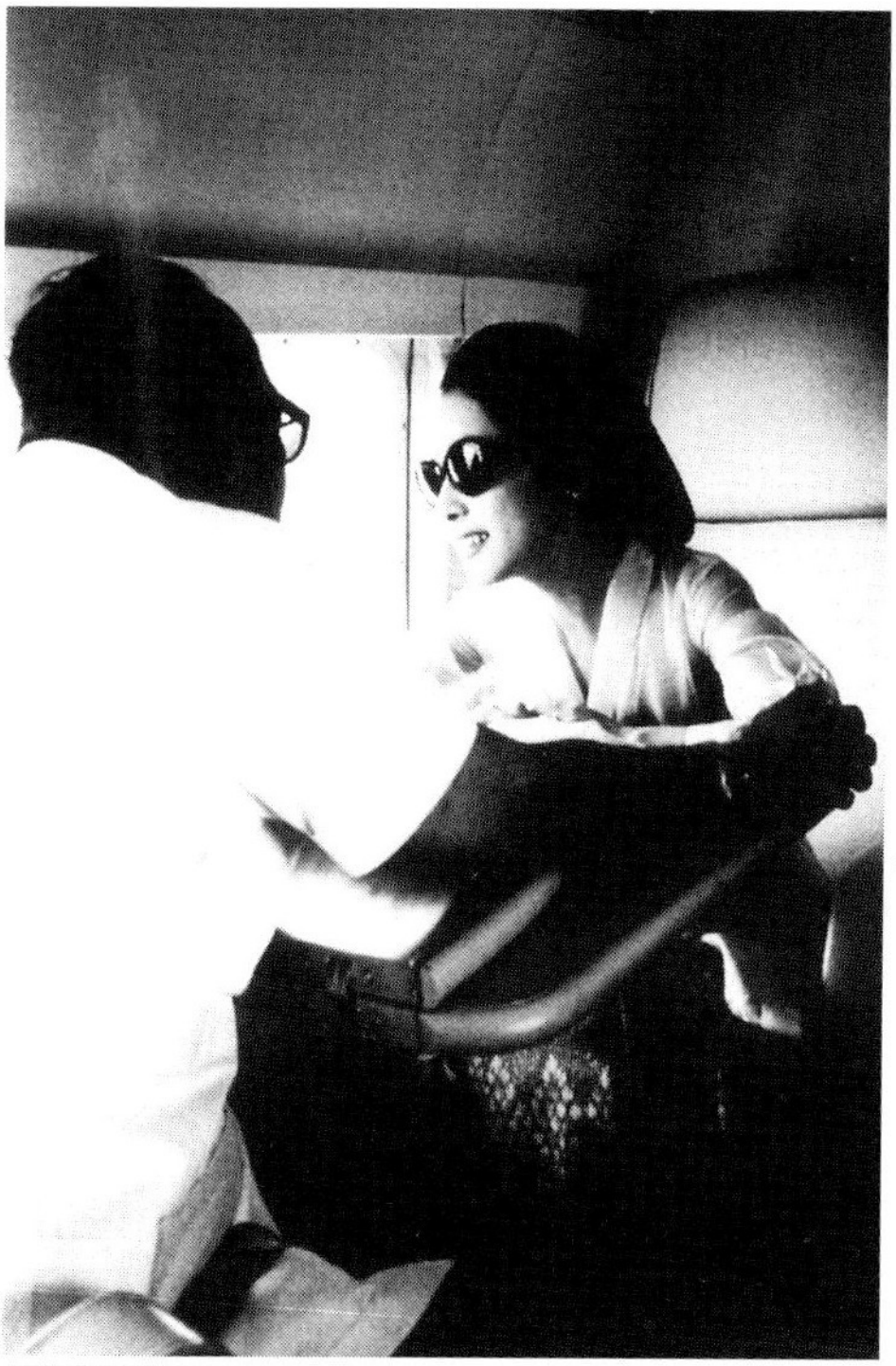

大統領専用機の中で。

バリ島、サヌールの海辺を 散歩する私たち。

ナリ・アシ病院定礎式で
スピーチする私。
1965年12月10日

リ・アシ病院。
統領の左隣は
デヴィッド・チェン建設大臣。

ロンドン医療機器製造所。1966 年 1 月

スマルノ・ジャカルタ知事夫人と 身体不自由児施設を視察。1964 年

日イ友好協会会長 カルタサスミタ夫人と孤児院を
1964 年

ジャカルタ、カソリック学校訪問。カルタサスミタ夫人と。1964 年

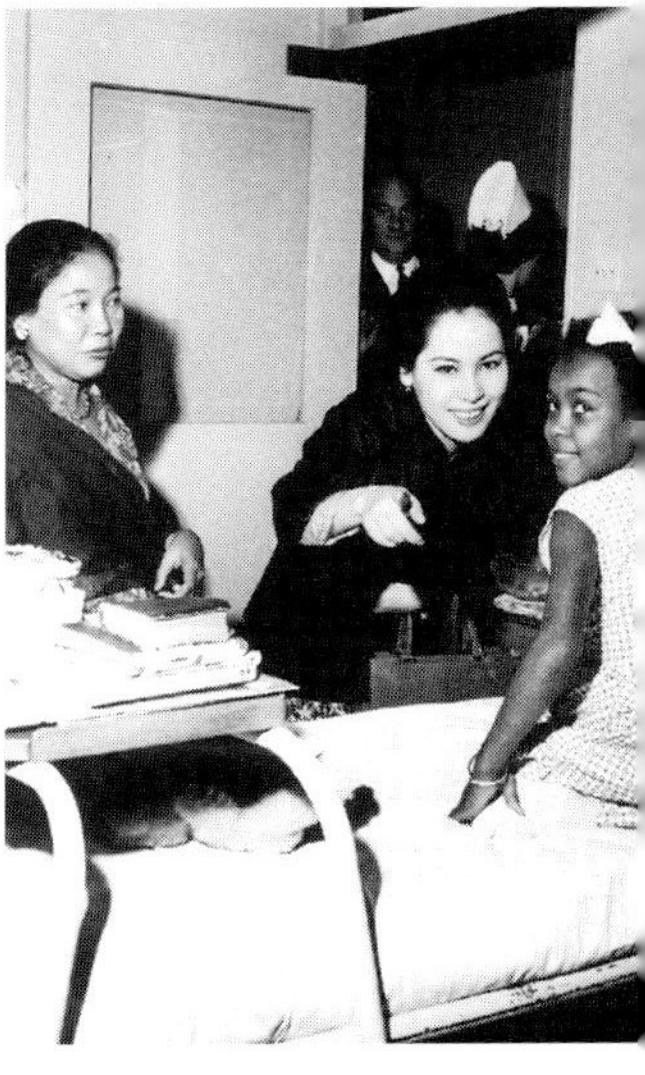

ドイツの病院慰問。1966 年 1 月

上、大統領官邸、ムルデカ宮殿執務室にて。　下、大統領官邸、ネガラ宮殿にて。

Sunshine from the sky.
May I give you sunshine from my heart.

大統領の直筆コメント（以下同）
「天から陽の光が。私の心の光をあなたに」。

Together on the byke! Hope also always together on the carriage of Life.

「二人で自転車に、願わくは人生もまた 常に二人で漕ぎましょう」。

Look how worried I was when you slipped from the bycicle.

「あなたが落ちそうになった時の、驚いた私の顔を見て下さい」。

Dewi. Let us look at this picture if, God willing, we are already very old. It shows how happy I am with you.

「デヴィ、神の恩恵により私たちが共に年老いたとき、私がどんなに幸せであったか、あなたと一緒にこの写真を見ましょうね」

大統領の後ろは サブル大佐。大統領の左は 久保正雄と小林嘉子。

1959年
バリ島、タンパクシリング宮にて

初めて 二人きりになって、
ティーを飲む 私たち。

ネガラ宮でのパーティにて。「タリ・レンソ」を踊る私たち。1963 年

左端、東日貿易 久保正雄社長、小林嘉子。タンパクシリング宮殿の庭にて。

大統領をはさんで左はファティマ・スギヨ、右は大統領の従姉妹。
前列左から中野美瑛子、私、大統領の姪。ヤソオ宮にて。1959 年

左から、女優ベビー･フアエ、石井摩耶、右端は中野美瑛子。
大統領官邸の 新年パーティにて。1965 年

ヤソオ宮正面。左端は料理人岡田眞作、1 人おいて中野美瑛子。
黒服は警護官。1964 年

大統領官邸、新年会。各国大使、大使夫人方と。1964 年

私の誕生日パーティ。大統領官邸 ネガラ宮殿にて。
ケーキの左後方は 古内広雄大使夫妻。1963 年

左後、マス・アグン氏。齋藤鎮男大使。私の隣はハイルル・サレ通産大臣。ヤソオ宮の夜会にて。

私のための ファッションショー。
バレンチノ、ローマ。1964年

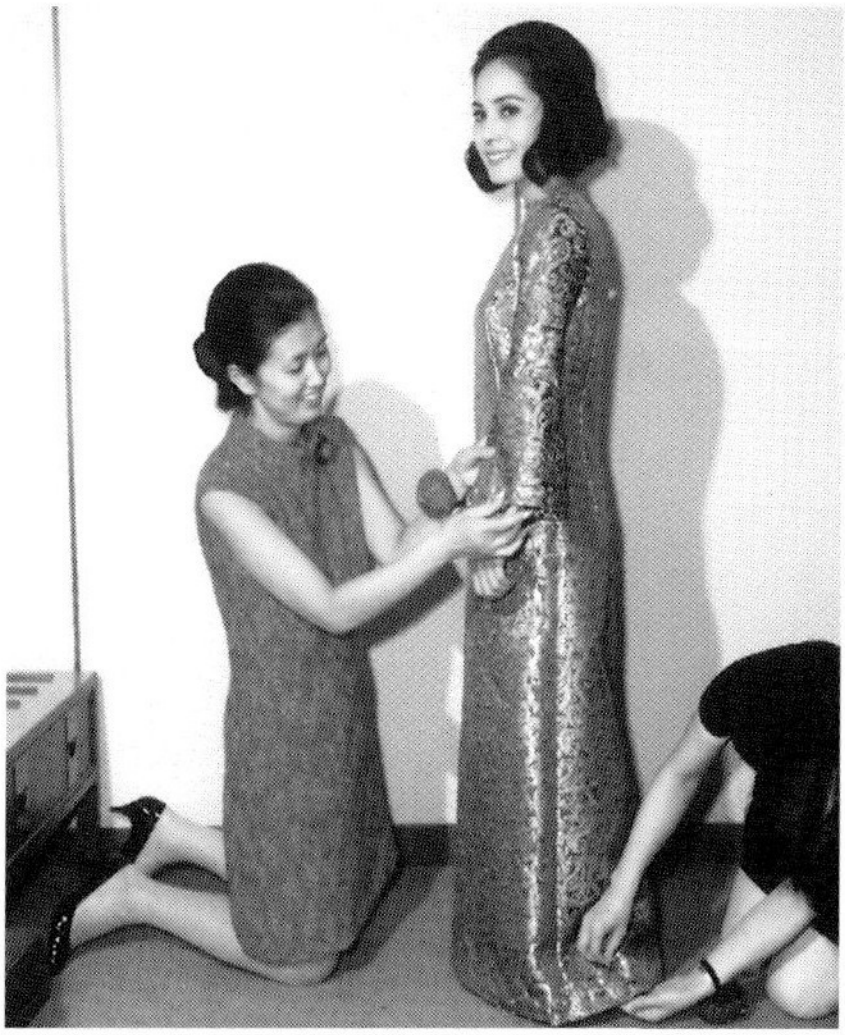

森英恵のピンワーク。東京にて。

アダム・マリク外相夫人、私、ユスフ・ムダダラム大蔵大臣夫人、
シャリフ・タエブ厚生大臣。ヤソオ宮にて。

左から 幼いレバナ。私。私の伯父。従姉妹。木下産商 豊島支店長夫人。バンドン、ダノブラタ邸にて。

左から、アミール・ハッサン、東條孝子、カリナと私、川岸聡美、アミール・ハッサン夫人。ジャカルタ、ハッサン邸にて。

ハルソノ大使夫人と。
東京インドネシア大使館。
1964年

前列 左から的場夫妻、宝田明、新倉美子、高橋英樹、後列 左からメキシコのマリアッチ、私、1人おいて 花柳駒（田村高廣夫人）、若柳菊（鹿内信隆令嬢）、中野美瑛子、ホテルオークラでの私のパーティ。1964年

なでしこの会のご婦人方と バリ島にて。

左から 凸版印刷常務 柳川夫人、木下産商 豊島支店長夫人、古内大使夫人、私、
凸版印刷社長 山田三郎太夫人、野村證券 瀬川社長夫人、マトバ・パール 的場社長夫人。

後列 左から ウトロ・トミ子、ヘルウィニ・ユスフ夫人、大使夫人、スハルト厚生大臣夫人、
私、オーストリア大使夫人、豊島夫人、ラッハムリヤティ先生。
前列左から中野美瑛子、アマンク敦子、田澤美容師、高橋健二夫人。

聖地巡礼。メディナにて。
左はハイルル・サレ通産大臣夫人。
右はベビー・フアエ。1964 年

白いイフラムを着た私、左から 5 人目。
メッカへの巡礼、アラファにて。

左から 田澤、ウトロ・トミ子、私、ヘルウィニ・ユスフ、中野、
アマンク敦子。ジャカルタにて。

前列 左から日本大使館参事官夫人、ブディアルジョさん、中野、高橋
後列 ウマルヤディ夫人と私たち。バリ島にて。

大統領逝去。通夜。ヤソオ宮。1970 年 6 月 21 日。
右側に、スハルト将軍夫妻と、大統領の実姉ワルドヨ夫人、中央の私の左隣に ハルティニ夫人、右隣に ラッハマワティ（大統領次女）。

告別。1970 年 6 月 22 日。私の左、ワルドヨ・スカルノ（大統領実姉）。ラッハマワティ・スカルノ（大統領次女）、
ティン・スハルト夫人（スハルト将軍夫人）。

ヤソオ宮から出棺。1970年6月22日

葬列。私から１人おいて ハルティニ夫人、右端は モハメッド・ユスフ将軍夫人、右から２人目は カリナ。

上、1970年6月22日、ジャワ島 ブリタル埋葬地への葬列。　下、悲しみにむせび泣く人々。

km
81
km

ムルデカ大統領官邸 庭園の四阿。1962 年

は誰よりも上手に話すことができるようになった。

戦時賠償

私がインドネシアへ嫁いでいった頃は、日本との関係で言えば、戦時賠償の支払いの時期だった。賠償は、戦争中日本がインドネシアに対して与えた被害に対する補償として、一九五九年（昭和三十四年）から十二年間にわたって合計二・二億ドル（七百九十二億円余）が支払われた。フィリピンには一千九百八十億円、中国には四兆円であるから、いかに少なかったかがわかる。インドネシアは少々妥協してでも一刻も早く賠償金を手にする必要があったのだ。

しかし先に述べたように、現金による支払いではなく、インドネシア側が望む建設事業等に対して日本人の役務を提供することによって支払うというかたちであった。たとえばインドネシアがダムを建設してほしいと言えば、入札に勝った日本の企業が現地へ赴いてその建設に当たるのだった。その資材調達のために、商社がからみ、ひとつのプロジェクトを複数の日系企業が請け負った。そしてそれらの企業関係者が多数、インドネシアで働いていたのである。

スカルノ大統領は、日本の賠償を高く評価し、感謝していた。というのは、後に述べるように、当時インドネシアは、何とかしてオランダに従属している経済構造から抜け出そうとして、オランダ資産の国有化を断行したのだが、その際日本の賠償はインドネシアの経済の命綱のような役割を果たしたのだ。とりわけインドネシアが船舶不足で危機に陥っていたとき日本が船を調達してくれた恩義は忘れられないようだった。

一九四五年の日本の敗戦後、スカルノの独立宣言後にオランダが機をねらい戻ってきた。四年にわたる独立戦争の後、一九四九年にオランダが正式に主権をインドネシア国家に移譲して立ち去ったとき、その条件の一つは、植民地時代に築きあげたオランダの経済権益をすべて保証するということだった。つまり、オランダの資本によるプランテーションや鉱山や工場、輸送などの企業は引き続きその存続を保証されていたのである。

その後もスカルノ大統領は、経済が従属している限りは本当の独立は達成できないと考え、何とかオランダからこれらの企業を引き渡してもらおうと努力を続けた。しかしオランダは譲らず、最後はインドネシア人労働者たちが座り込みをして、強硬に接収するという手段に出た。

インドネシア諸島を結ぶ最大の輸送機関だったオランダ王立汽船会社もその対象になっていて、労働者たちはその事務所を封鎖し、オランダ人職員をシャットアウトした。

ところが、である。一九五七年十二月三日から肝心の船舶はさっさとインドネシア海域外に避難させてしまったため、会社を接収しても船舶はインドネシアの手に落ちなかった。船舶不足のため島と島のあいだの輸送が途絶え、食料の自給のできない地域はたちまちお手上げになってしまった。もちろんそれ以外の生活必需品もすべて円滑に流通しなくなった。つまり国内の経済はまったく麻痺してしまったのである。

そのような危機に瀕していたとき、日本と妥結したばかりの賠償協定にもとづき、インドネシアは初年度の最初の要望として船舶を求めた。そして日本側はただちにこの要望に応え、必要な数の船を供給したのだった。そのときこの事業を担当したのは、東日貿易のライバル会社木下産商であった。だからスカルノは岸信介首相と懇意にしていた木下茂社長に対して強い恩義を感じていたのである。

その他の賠償プロジェクトのなかでスカルノの希望によって実現したものは、ジャカルタ、ジョクジャカルタ、バリ、そしてサムドラ・ビーチの四カ所に建設した外貨獲得目的の国際級の観光ホテルと、ジャカルタに建設したサリナ・デパートやカラン・カテス・ダムなどである。

ジャカルタでは目抜き通りタムリンのロータリーの前に、ホテル・インドネシアが首都で初めての近代的なホテルとして建てられた。一九六二年のことだ。私が一九五九年に初めてインドネシアに来たとき泊まったホテル・デス・インデスは、植民地スタイルの格調高いホテルであったが、設備は老朽化していて十分なお湯も出ないような状態だった。

ホテル・インドネシアは十五階建てという当時としてはかなり高層の建物で、その最上階にはインドネシアで唯一のナイトクラブ、「ニルワナ」がオープンし、私もしばしばここを利用した。またこのホテルの二五メートル・プールは一般にも公開され、長いあいだジャカルタの数少ない高級プールとして富裕階層の人々や在留外国人に娯楽の場を提供した。

賠償事業として、もう一つスカルノ大統領の強い希望で行われたのが、日本への留学生の派遣である。大統領はインドネシアにとって人材養成が一番大事だと自覚していて、日本での教育のために多額の賠償資金をまわしたのである。

これは賠償留学生と呼ばれ、このプログラムのもとで、一九六〇年（昭和三十五年）から六五年までに六回にわたって、計五百人の留学生が派遣された。その第一陣二十人が出発したのは、私がインドネシアへ来て約半年後の一九六〇年三月九日のことだった。

一九五八年（昭和三十三年）から一九六六年（昭和四十一年）の在日インドネシア人の総数は三百人〜九百人であったが、そのうち学生と研修生が七〇パーセントを占めていたという。当時、東京のインドネシア学生協会（ＰＰＴＨ）は世界でも有数の大きなインドネシア人留学生組織であり、一九六二年に賠償資金で代々木上原に建てられたウィスマ・インドネシア（インドネシア留学生会館）を中心に活発な活動を続けていた。

その賠償留学生を選別したのが、日本から帰国したばかりのアマンクという文部省のお役人だった。その方の奥様は敦子さんという日本人で、ウトロさんが東日貿易を辞めてスラバヤへ戻られてから、私にとっては一番の親友であった。

当時の文部大臣はプリオノという立派な方だった。その頃「日本インドネシア友好協会」があって、フセイン・カルタサスミタという方が会長を、私が名誉会長をつとめていたのだが、息子（ギナンジャール、後にスハルト時代に閣僚を歴任、また現在は地方選出国民議会の議長をつとめている）や甥（インドラ）をぜひ賠償留学生に入れてほしいというフセイン会長の頼みに、この人たちを名簿に入れたのをおぼえている。日本での「日本インドネシア友好協会」の会長は鹿島建設の外交官出身の鹿島守之助氏であった。

その頃、日系企業が盛んに「ヤソオ（宮殿）詣で」をしたというようなことも書きたてられているが、これはまったくの間違いである。確かにその頃、賠償プロジェクトに参入しようとして多くの日系企業はしのぎを削っていた。賠償の事業は、日本政府から支払われるため利益は確実であったし、コストに比べて潤沢な予算が準備されていたので、どの企業も喜んで飛びついたのである。

しかし、私が企業の要望を大統領に取り次いだとか、デヴィを通さなければいかなる賠償プロジェクトも実現しなかったなどというのは、まったく事実に反する。私を西太后のような権力者に仕立てあげ、私を通さなければ日本企業の事業が全然できなかったというようなストーリーだと、さぞや面白いのだろうが、大統領は、私がビジネスに関わることを禁じておられた。それに蒲田良三氏からは、「お国ではお人形さんのようにしていたほうがよい。何にも関わらないでそうしないと危険なことになる」と言われていた。

また車の輸入権獲得に関して、ハルティニ夫人がある自動車会社をバックアップし、私が別の自動車会社をバックアップしていたなどと書かれているらしいが、そんなことはまったくなかった。私と同じく、大統領はハルティニ夫人がビジネスに口を出すことも絶対に禁止なさっていたと思う。しかし私は日本とインドネシアの文化交流には力を入れた。戦争中、日本軍の従軍記者の一員として送られてきた伊東深水画伯が、ジャワ、スマトラ、スラウェシなどで描いた水彩画のスケッチ数百点を日本大使館後援のもと慈善大展覧会を催して、ジャカルタの上流階級の人から基金を募った。また、逃亡オランダ兵だったハン・スネルが画家となり、バリの踊り子と結婚してバリ島に住んでいた。彼はゴーギャンのような絵を描いていたが、日イ友好協会会長の鹿島守之助氏と凸版印刷の山田三郎太社長のご協力を得て、日本で彼の絵の慈善展覧会を開いた。

残留日本人の国籍取得

それでも、私は日本とインドネシアの架け橋になりたいという気持ちから、私が日本政府や日本人社会と大統領をつなぐ橋渡しをしたことがまったくなかったわけではない。

一つ忘れられないのは、一九六二年十一月に着任した二代目の古内広雄大使から、戦争が終わったとき引き揚げないで残留した日本兵が今なお九百人残っているが、彼らにインドネシア国籍を与えてもらえるよう大統領に口添えを願えないかと依頼されたことである。この日本人たちの残留の理由はまちまちで、必ずしも初めからそれが目的ではなかったにせよ、実際には、生き延びるために彼らの多くはインドネシアの独立軍に参加してオランダとのあいだに一戦を交えることになった。

一九四五年八月十五日、日本が戦争に負けて占領支配に終止符が打たれたとき、その翌々日の十七日にインドネシアはオランダからの独立を宣言し、スカルノとハッタがそれぞれ大統領と副大統領になったのであるが、オランダはそれを認めず、そのあと四年間にわたって前述の独立戦争となった。残留した日本人は、そのときにインドネシア軍に身を投じてオランダと戦ったのである。

多くの元日本兵がその独立戦争で戦死したが、生き残った人たちはその後もインドネシアに残留を希望し、この地で生業を持ち、インドネシア女性と結婚して家庭を築いていた。しかし、日本軍から「逃亡」した形であったため、日本政府からの正式なパスポート発給もなかったし、インドネシア居住も非合法のままであった。そのままでは事業を興すにも銀行からの借り入れもできず、ぜひインドネシアの国籍を取得したいと願っていたが、事はそう簡単ではなかった。

その頃、インドネシアにはまだ帰化に関する法的手順を定めた法令がなかったし、独立戦争終結当時は対日イメージが悪く、インドネシア政府の一部には、彼らを日本へ送還したいと考える人たちも多かった。独立戦争が終結してからすでに十年以上が経過していたが、これらの残留日本人の身分に関しては何の進展もなく、中途半端な状態に置かれていたのである。

古内大使の意向を大統領に伝えたところ、大統領は即座に対応し、一九六三年十二月三十日に大統領決定により残留日本兵百二十三人に対してインドネシア国籍が付与されることになった。

革命資金（ダナ・レボルシ）の使い道

日本では賠償汚職のことがしばしば取り沙汰され、あたかもスカルノ大統領や私が、賠償プロジェクトにからんで多額のコミッションを得ていたように言われていたが、スカルノ大統領はじつに欲のない方で、すべてのコミッションはインドネシアの財界人が大統領の政治資金のために色々と手配し、便宜を図り、大統領が必要になったときにすぐ使えるようにとまとめて集めていた。

ともかくスカルノ大統領は一に国家と国民、二に国家と国民、三に国家と国民と考える方であった。私欲のある方だったら、独立闘争のために十三年間の投獄や流刑に耐えられなかったであろう。

そういうコミッションは「革命資金《ダナ・レボルシ》」と呼んで、側近の者たちに管理させ、国家の正式予算では出せないが重要な支出のために使っていた。あれほど大きな国で、当時の国家予算は二十億ドル（七千二百億円）しかなく、そのうちの半分は国軍強化のために使われ、経済復興のための予算はわずか十億ドル（三千六百億円）であった。たとえばオリンピックに選手を送るときのユニフォーム代、飛行機代すら出せなかった。そういう場合に、国会の承認手続きを経ないでパッと出せる資金として「革命資金」は使われたのだ。

その資金がどこの口座に貯めておかれたのかは知らないが、東京で受け取ったお金は東京に口座を作り、在日大使が管理していたと聞いている。後にスカルノが倒れてから、スハルト政権は私がこの「巨額の」革命資金のありかを知っているのではないかと疑って執拗に調べたものだ。

少ない国家予算を補って大統領の活動を潤沢にするための資金は、企業からのコミッションだけでなく、その当時大統領の周辺にいた、大統領を信奉する数人の実業家たちからも潤沢に出ていた。たとえば、ダサアッド機械社長のダサアッド氏。ハシム・ニンやマルカルム・スタール氏、マルダノス氏。

それから国営貿易会社のセントラル・トレーディング・カンパニー（CTC）。これもインドネシアの財政を救っていた。CTCは日本やドイツをはじめ世界各地に支店をもち、パームオイル、ゴムなどのインドネシアの生産物の輸出を一手に担っていた。当時は国営石油会社のプルタミナよりも総売り上げが大きかった。私どもの時代は石油が一バレル、一ドル十五セントとか一ドル三十五セントとかいう時代であり、生産量も今のようにはなかった。プルタミナの収入はさほどのものではなかったのである。しかしこのCTCは、のちにスハルト政権になるとつぶされてしまった。

美への憧憬

大統領は『自伝』のなかであまり母のことに触れていないので、母との関係が冷たかったのではないか、そしてそのような生い立ちが、彼をあれほどまでに〝女性の愛の追求〟へと駆り立てたのではないかというような憶測がなされているようだが、それはまったくの間違いである。

多くの世界の英雄がそうであるように、スカルノもまた母上を深く敬慕していた。彼は年がら年じゅうお母様のことを、愛をもって口にしておられた。それはそれは敬愛しておられた。お母様のひざに接吻している写真が『自伝』のなかに出ているが、まさしくああいうお気持ちだったようだ。同じように、たった一人のお姉様（ワルドヨ夫人）のことも深く愛しておられた。

大統領は純粋な気持ちで女性を慈しんでおられた。女性は心をかけてあげなければならない存在として優しく見ておられ、いやらしい気持ちは一切なかった。

大統領は美しいものに惜しげのない憧憬を注がれた。美しい絵画、彫刻、陶器の収集にも心をかけた。そして凸版印刷から『スカルノ博士美術収集大全』（全五巻）が発刊された。鄒梓模《チョウシモン》が回想録（『スカルノ大統領の特使』中公新書）で、あのような卑俗なことを書いているのにビックリした。あの本のなかに出てくるスカルノ大統領は、私を含めて世界の多くの人が知っている大統領ではなかった。しかもあの本は、大統領を突き落としてでも自分の宣伝に終始することに専念している。恩を仇で返す卑怯な男と思い、許しがたかった。

親日家の所以

大統領は親日家として知られている。日本の女性を妻に持ちたいとずっと思っておられたようだ。その当時、妻を娶らば日本の女性というくらい、日本女性の評価は高かった。

大統領は、真に昔の日本の精神性に傾倒しておられたようだ。日本にあこがれ、日本を兄貴の国のように思っておられた。それは日本の素晴らしい立派な軍人をたくさん見てこられたからなのだが、「いまの日本人はどんどんアメリカナイズされて、気骨のない腑抜けになってしまった」と嘆いておられた。

「アメリカが一番怖がっていたのは日本の精神力じゃないか。それが失われていくのは残念だ、革命にマテリアリズムが先にきてはいけない」

とおっしゃっていた。

「秀吉はたくさんの愛人に囲まれていたけれど、私はあなた一人だ」などと言われたことがあって、私は「まあ、この方は心の中ではそういうことに憧れをもっておられるのかしら」といささか不安になったことがあった。

こういった日本に関する知識は、オランダ植民地時代に投獄されているとき、あるいは流刑生活を送っておられるとき勉強なさったようだ。

私が「ハッコウイチウ」（八紘一宇）という日本語を初めて学んだのは、なんと大統領からだった。またオンナダイガク（『女大学』＝江戸時代の、女性の心得を説いた本）という本のことも大統領から学んだ。

日本の占領期に知り合われた軍人のなかで、スカルノ大統領が心酔しておられたのは今村均将軍である。

今村将軍の話は何度も何度も聞かされた。オランダの最後の砦だったバンドン要塞を陥落させたとき、日本兵は九百名くらいしかいなかったにもかかわらず、それを日本軍は二万人の兵隊がいるかのように見せかけてバンドン要塞を落としたのだそうだ。そのことを大統領は自分のことのように自慢げに話しておられた。今村将軍は、ご自分が戦争中に幽閉から救出したスカルノという青年が、戦後大統領となって日本を公式訪問し、帝国ホテルで再会されたときは、さぞや感慨深かったことであろう。

大統領周辺の日本人

日本の占領期からのお知り合いで、大統領が非常に気に入っていらした日本人に西嶋重忠氏という北スマトラ石油会社の方がいた。

この方は、若い頃左翼運動をして日本を追われ、オランダ領東インドへやってきて日本資本の大きな産商で働いていた。その後、日本がインドネシアを占領した時代には、その語学力やインドネシアに対する深い知識を生かして、ジャカルタにあった海軍武官府で調査の仕事にあたっていた。スカルノ大統領たちが、終戦直後の八月十七日、独立を宣言する際に、その独立宣言文の起草の場を提供したのがその武官府の長であった前田精《ただし》少将という方で、西嶋氏はその関係で、その場に同席しておられた。大統領は西嶋ご夫妻を宮殿にお食事に招待され、私も同席し、その後大変よいお付き合いを続けた。西嶋氏は伊勢の生まれで、大統領も伊勢神宮に参拝した。

それから中谷義男さん。同じく戦前からジャカルタにお住まいになっていた方だが、インドネシア語が本当に堪能で、大統領が日本へ行かれて首相や財界人とお話しするときやＮＨＫに出演したときなど、いつも通訳をなさっていた。小柄な、痩せた方だったが、大統領はこの方を本当にかわいがっておられた（インドネシアにいるときに日本語の通訳をしたのは、日本大使館の一等書記官で、外語大出身の永井氏だった）。

清水斉さんという方もよくお見えになっていた。この方は戦争中、日本の軍政監部の宣伝部というところで働いていた方だった。とてもインドネシア贔屓《びいき》で、いつもペチをかぶっておられた。

齋藤大使のメモワールによれば、大使の着任が決まったときには、スカルノは膝を叩いて喜んだと書かれているが、大統領から大使のお名前を聞いたことは一度もなかった。

久保氏との絶縁

ヤソオ宮殿に移る前、私はあることで東日貿易の久保氏が大統領を裏切っていることを知ってしまった。

久保氏は、私が最初に知り合った頃から、「バパ（インドネシア語で「親父」の意）のためなら命でも張る」と豪語するほど大統領に心酔していた。少なくとも当時の、大統領への傾倒と敬慕は純粋なものだったと私は信じている。それほど大統領は人を引きつけずにはおかない方だった。

また久保氏は大統領の信頼も厚く、インドネシアへ来たときはいつも大統領宮殿のすぐ近くのホテルに泊まり、宮殿にもしばしば足を踏み入れ大統領の側近とも親しくしていた。恐らくそういう関係から、彼が関与すると賠償プロジェクトも取りやすかったのだろう。多くの企業が大商社を差し置いて、この小さな会社をパートナーとして大規模プロジェクトに参加させていた。スマートで雄弁な久保氏を大統領はとても気に入っておられた。

デヴィを通さないと仕事を取れないというような噂が出回っていたというが、それはじつは、デヴィではなく久保を通したほうが楽、ということではなかったのか。久保氏は自分が仲介に入って大統領につなぐことによって利益を得ていたわけであるが、そのことが大統領の名誉をひどく傷つけていることが、だんだんわかってきた。

後年、「東洋棉花（現トーメン）」の支店長から社長になった辻氏から伺ったのだが、私がインドネシアへ着いた頃、トーメンがインドネシアに紡績工場の機械を入れる予定になっていたのが、突然キャンセルになって、代わりに伊藤忠に仕事が渡ったことがあったそうだ。そしてその背後には、伊藤忠と組んでいた久保氏が暗躍していたということだった。そのような話がほかにも色々とあった。

久保氏は並の日本男性ではなく、伊達男だった。普通の商社の方々はスカルノ大統領とお友達になれるような雰囲気ではなかったが、久保氏は別だった。久保氏は本当にスカルノ大統領に心酔していたし、大統領も木下産商の木下茂社長が恩人であるのと同じくらい、久保氏も大切な友人だと思っていたと思う。

久保氏はインドネシアへ来ると、大統領府のマーク（武田薬品の三つ鱗のマークのような丸に三角の印）のついた車を平気で乗り回していた。大統領が貸したわけではないが、副官のサブル大佐あたりに頼み込んで使っていたのだと思う。どの役所に行ってもそれを見れば誰もが恐れをなしてしまう。そんなふうに大統領と親しいという立場を濫用していたのだ。

私はもっと立派な、日本の一流の、錚々たる財界人が大統領のまわりにあるべきだと願っていた。しかし久保氏がそばにいると、ほかの方々は引いてしまうので、結局大統領を正当な日本人たちから遠ざけることになった。私は、大統領には政治資金は必要だが、正しい方法で、表玄関からそれを獲得してほしいという考えだった。

久保氏はまた、本来大統領府に支払われるべき資金を横領していたこともわかってきた。あるとき、当時伊藤忠の重役だった瀬島龍三氏から直接連絡があり、赤坂の某所で会った。久保氏を通さない仕事の依頼だった。そのとき気づいたのが久保氏の横領だったのである。秘密を守るためには致し方なかったのかもしれないが、いやしくも大統領夫人を個人のマンションへ呼び出すなんてと不愉快に感じた。それに加えて、瀬島氏の知り合いの玄人風の女性が出てきてお茶を入れたのだが、私の誇りは傷ついた。

久保氏は、大統領のご機嫌をとるためなら、私の神経を逆撫でするようなことも裏で平気でやった。大統領と私が一緒に東京へ来ていたときに、女性を紹介していたようなふしが後でわかった。

前の夫との息子（ヘルウィンド）を、賠償金の資金で、研究生の一人として日本に送ったハルティニ夫人が日本に来たことがあった。日本は私の聖域だと思っていたので、このことはハルティニ夫人がそこに泥足で踏み込んでくるように思えた。彼女のこの行動は私を意識してのことだと思う。驚いたのは、私をあれほど誹謗していた日本の週刊誌がこぞって彼女の連れ子である留学生ヘルウィンドを、好意をもって迎え、しかも「スカルノ大統領令息」とグラビア頁に見開きで扱ったことだ。

そのときに彼女の接待を最初に買って出たのが久保氏だったという。

ミキモトの真珠店へ行って一連の大粒の真珠を差し上げたという話を聞いて、これは許せない、と思った。ハルティニ夫人は何といっても国民にも認知された正夫人であり、インドネシアの財界人、すなわち経済に対する影響力もあった。だから彼女を自分の方へ引き込むのが得策だと思ったのであろう。私はこれを裏切りとみた。絶対に許せないと思った。「何とか久保氏を大統領から引き離さなくては」と考え、彼の後ろ盾になっている日本の大物たちに会って、手を引いてほしいと乞うことを考えた。

それを頼むには児玉誉士夫氏が一番よいのではないかと友人に頼み、柿の木坂の彼の家を訪ねた。毎年六月頃になると、私は大統領とともに日本を訪れるのが慣行になっていたが、そのようなとき私は大統領が帰られた後も、しばらく日本に残ることがあったのだ。

児玉氏の家には、屈強な男たちはいるし、袴を着け、高下駄をはいた書生風の男性もいて、どんな人が出てくるのか、恐ろしくて足がすくみそうだった。

一緒に案内していってくれた方が、大きな鯛の塩焼きを三宝に乗せて持っていったのも、ものものしい感じだった。出てきた奥様らしい女性に「夫人、どうぞおかまいなく」と言うと、後ろの方で「夫人だってさ」と言いながらクスクス笑う声が聞こえて不気味だった。本当の奥様だったのだが、「夫人」という言い方をされたことが初めてだったのか、ともかく当惑することだらけだった。

児玉機関のことなど聞いていて、日本の大黒幕というイメージを持っていたので、どんな怪物のような人物が出てくるのかと思っていたら、失礼だが貧弱な、背の低い、坊主頭の男性が出てきたので、「えっ、この方が?」と、いささかがっかりした。

あの頃、私はとても純粋で世間知らずだったから、利権だとかそういったことはよくわからず、何が何でも大統領を守らなくてはと思い、単刀直入に、

「久保正雄氏の存在は大統領の信用を落とすことになりますし、どうかこれ以上、彼を支援することをやめていただきたいのです。何とか日本とインドネシアの経済交流を正常化し、両国の相互扶助にご協力してください」

と必死でお願いした。

当時そのように正論を正面から言われると児玉氏も困ったと思う。

そのとき児玉氏が言ったことで鮮明に覚えているのは、「男はね、臍下三寸のことは、問題を問わないものなんだよ」と突然切り出し、さらに新橋の芸者が云々、胸にキズがある女がどうとか口にしたことだ。気負っていてもまだ純情だった私は、「臍下三寸」などという言葉を聞いて、「うわぁ、この方たちはこういうお話の仕方をする人なんだわ」と度肝を抜かれた。

それにしてもこの方は、一体何のことを言っているのだろうと思いながら、さもさも知ってい

るようなふりをしながら聞き出すと、久保氏が新橋の芸者さんで胸に傷のある人をジャカルタに送ったようなのだ。そしてそのことに私が嫉妬して怒り、久保氏と手を切れと言い出したのだと勘違いしたようだった。

私は思いがけずそのような事実を児玉氏から聞いて、唖然としてしまった。後で「新喜楽」の若旦那の蒲田良三氏に「こんなことを耳にしたのですけれど」と尋ねると、彼は「君が傷つかないなら言うけど……」と前置きして、「そういう噂を聞いたことがあるよ」と肯定した。

その後二度目に、仲介を入れずに私が一人で会いに行ったとき、児玉氏はそれまで兄弟のように親密にしていた萩原吉太郎氏を外すよう、裏切ることをほのめかされ、私と直接のラインを築こうとしているように見えて、私はすっかり動揺してしまった。

当時、北海道炭鉱の萩原吉太郎氏、日本開発銀行総裁の小林中《あたる》氏、「電力の鬼」と呼ばれた松永安左ヱ門氏らを中心として、日本の一流企業数十社のリストが出来上がり、私はこれらの方にインドネシアの経済発展のために日本からの協力を求め、日本とインドネシアに強力な基盤を作ろうとしていた。インドネシアからは豊富な資源を、日本からはハイテクノロジーと財源をもって相互扶助をするというように、両国の経済発展・繁栄をめざすものだった。

このアイデアは、日本企業の熾烈な競争を好まない大統領にも歓迎されていた。萩原吉太郎氏はこの企画の幹事をしていらしたのだ。

児玉氏はその萩原氏をその座から追い落として、自分の意のままになる人を代わりに入れようとしているようだった。これは陰謀ではないか。そういうことを耳にしてしまった以上、萩原氏に伝えるべきか。しかしあとで二人が仲直りして、それを否定したら私は「ユダ」だということになって、すっかり信用を落とし、果ては大変な波紋を起こすのではないか、などと煩悶した。

悩んだあげく、結局萩原氏に、私の誤解かもしれないがと断って、このことを伝えた。しかし、数カ月して彼から返ってきた返事は、「なぜ僕がそんなことを言われなきゃならないのか、ずっと考えていたのだが、どうやら、僕が以前、水をかけると真っ赤になる新潟の珍しい石を献上すると約束していたのにあげなかったから、気を悪くしているようだ」ということだった。

どうもそんな程度のことだとは思えず、何か狐につままれたような感じで拍子抜けした。

次いでお会いしたのは河野一郎氏で、場所は赤坂の料亭だった。

テーブルをはさんで向かい合って座ったのだが、表情がなくて一番怖かった。小林中氏とか、萩原氏とか、松永安左ヱ門氏方にもお会いしたが、彼らはいずれも生き生きして血が通った感じがしたものだ。しかし河野氏は、まったく無表情でつかみどころがない。ヤクザ映画で、座敷に一対一で向かい合っていて、いきなりドスッと刺されるといった場面があるが、そんなシーンにも似た緊張感のなかにいた。私が約束の時間を間違えて大層遅れていったため、不機嫌だったのかもしれなかった。

私はまだ二十二歳になったばかりの、小娘でしかなかった。しかし私はスカルノ大統領のためなら身を粉にしてもいいと、勇気をもって立ち向かっていった。

それと対照的だったのが大野伴睦氏であった。この方とは「新喜楽」で会った。座敷にペタンと座って両側の芸者の手を握りながら、ニコニコと恵比寿顔で「あっそうか、そうか」、「ハイハイ」と気軽に相槌をうち、ただの好々爺を目の前にしている感じだった。

ああ、これが日本の政治家なのか、いい気なものだと内心思った。それとも私とお座敷で政治の話をする気など毛頭なかったのかもしれなかった。

久保氏を大統領から引き離すという目的は、努力の甲斐あってついに成功した。最終的には、大統領に「私をとるか、久保をとるかしてください」と迫ったのである。大統領からは「もちろん、あなたをとる」という書面でのお返事をいただいた。一九六三年四月のことである。

その後間もなく、久保氏は「ペルソナ・ノン・グラータ（好ましからざる人物）」としてこの国を追われ、再び入国することも、インドネシアと取引をすることもかなわなくなった。東日貿易は倒産し、伊藤忠に吸収された。

まわりは全て敵と思っていいほど不安定なインドネシアでの立場、敵の陣地で暮らしているような私を足元から覆すような行動をとった久保氏を、私は許すことができなかった。

メッカ巡礼（ハジ）

一九六四年（昭和三十九年）、宗教大臣のサイフディン・ズブリ、スバンドリオ外相、ハイルルサレ副首相らとともにメッカに巡礼（ハジ）に行かれたとき、私もその夫人方と一緒に女性のグループに入って行くことになった。その前の年にハルティニ夫人が行ったので、私も行っておかなければと思ったのだった。

巡礼の前に、夫人方とズブリ夫人から『コーラン』の勉強とお祈りの暗記、練習を受けた。もともと全ての宗教に興味のあった私は、楽しく勉強した。コーランを読んでいると、まるで『旧約聖書』を読んでいるようで、同じような名前が沢山出てくることに驚き、それほど違和感はなかった。

メッカでは女性と男性は完全に分離されていた。そして王様も乞食も皆同じ白い巡礼服を着て平等である。遠いアフリカからバスなどを乗り継いできたらしく、埃にまみれて汗臭くてひどく汚い人たちも一緒だった。スーダンから来た人たちなどは、肌がブルーがかった黒色の上に粉をかぶったような埃を見てびっくりした。

アラファでは砂漠にテントを三重に張って、そこで一晩を過ごした。砂嵐に見舞われて体中がザラザラしたり、用をすませた後は砂をかけるという大変な体験もした。

体力的につらいということはなかったが、夜の寒さと昼の暑さの差には参った。砂漠を走っているとき、冷房がきかず、外の風を入れようと車の窓を開けるとすごい熱風が飛び込んできてチリチリと頬に突き刺さったことを覚えている。

日本の要人と会う

私が大統領夫人になってから最初に迎えた日本の国賓は、一九六三年九月に訪イした池田勇人首相だった。

下のお嬢さんと一緒に訪問され、晩餐会のときには私はお嬢さんの隣に座った。スカルノ大統領が歓迎の意味で日本酒を出したのだが、お嬢さんは日本酒が米から出来ていることをご存じなくて、私はびっくりした覚えがある。池田勇人氏は広島の造り酒屋の息子さんなのに、である。

池田首相のご一行は、大統領宮殿の迎賓館に泊まっておられたが、そこのバスルームはお湯の出が少ないので、出来たばかりのホテル・インドネシアへ行って湯船に浸かっておられたという話は、この訪問のときのことである。それ以後、池田首相ご夫妻やお嬢さんともとても親しくなり、日本に行ったときにはお宅へ伺ったりしたものだ。

池田首相がいかにインドネシアのことを心にかけておられたかは、彼が喉頭がんに冒されて首相を辞任し、闘病中の一時期自宅療養しておられた頃、訪問したスバンドリオ外相を自宅に招き、「スカルノが共産党に足をすくわれないように気をつけるよう」忠告した一事をもって推しはかることができるだろう。

日本の要人として来られたのは、ほかには川島正次郎氏(一九六四年四月)だ。私は川島氏にとても親交深くしていただき、色々なことを教えていただいた。中曽根康弘衆議院議員や、荒船清十郎衆議院議員も来られ、バリ島にもご案内したりした。

スカルノ大統領は大変な親日家であったから、日本に行かれるのをとても楽しみにされていた。私と一緒に、日本の色々な財界人のお宅を気軽に訪問されることもあった。たとえば小林中氏や松永安左ヱ門氏のお宅へも行ったし、萩原吉太郎氏のお宅も訪問した。そのとき、萩原氏は柿の木坂の豪邸に住んでおられたが、大統領をお迎えするような家ではないといって、わざわざ離れを作り、さらに多くの付き人や警官も来られるだろうということで、客用の手洗いも足したそうである。

また凸版印刷の山田三郎太氏のお宅へも行った。前に述べたように、大統領が美術品や絵を沢山収集しておられ、その画集を出版するに際して日本の技術が高いということで、凸版印刷に依頼したのだ。そのために凸版印刷からカメラマンが二人、インドネシアに派遣されて撮影した。その画集のなかにはスカルノ大統領が描いた私の肖像画、私が描いたスカルノ大統領の肖像画も入っている。大統領も絵を描くのがお好きだったので、山田氏のお宅へ行ったときには裸婦のモデルを用意していただいて、皆で写生をしたこともあった。

親社会党の宇都宮徳馬氏（自民党左派）のお宅を訪ねたこともあった。大統領は、アメリカに傾倒していない民族主義者を尊び、そういう人脈とも積極的に接点を探しておられたのである。

このような非公式な訪問のときでも警視庁から警護官はついた。

国際的なリーダーとしてのスカルノ

その頃のスカルノ大統領は、終身大統領という地位を獲得し、巨大な権限をもっておられた。そして、何よりもアジア・アフリカ、ラテンアメリカ、アラブ諸国、そして中立国や中国、社会主義国の第三勢力のリーダーとして国際的にも一目置かれていた。

早くも一九五五年（昭和三十年）には、歴史的なアジア・アフリカ会議をバンドンで開催し、第三勢力ここにあり、ということを誇示し、それまで権力をほしいままにしていた欧米世界に挑戦した。欧米のもとで植民地だったアジア・アフリカ諸国が団結して、独自に会議を開くなどということは考えられないことであった。そのイニシアティブをとったのがスカルノであり、インドのネルー、エジプトのナセル、中国の周恩来首相、ユーゴスラビアのチトー大統領などの助けを得て、会議開催を成功させた。

一九五〇年代から六〇年代の初めにかけて、たくさんの国々が独立したが、多くの場合、政治的には主権を回復したものの、経済的には元の宗主国が既存の権益を握っていて、相変わらず新興独立国は貧しかった。

インドネシアも、一九四九年にオランダとの独立戦争が終結して、オランダが手を引くことになったとき、オランダのすべての経済権益を残すこと、そして資源の豊富な西イリアン（ニューギニア島西部、現在のパプア州）は、引き続きオランダが統治することが決められた。オランダがこの国に持っていた、プランテーション、鉱山、工場などの経済権益は、一九五九年に私が初めてインドネシアへ来る前に、そこで働く労働者たちが一斉に決起してこれらをオランダ人経営者の手から奪い、国有化した。このことは前にも述べた。

スカルノの念願は、西イリアンをオランダの手から奪還することであった。

ようやくその西イリアン奪還闘争問題が解決したかと思うと、次にスカルノは、マレーシア連邦粉砕闘争（ガンニャン・マレーシア）を展開した。

マレーシア連邦構想というのは、イギリスがいまだに植民地支配を続けていたマラヤ連邦、シンガポール、ブルネイ、英領ボルネオを合併して一つの国家として独立させようというものであった。それぞれ別個の植民地であったのだから、当時の国づくりの一般的なパターンから言えば、それぞれが別個に国民国家として独立すべきものであった。それを一つにまとめたというのはイギリスとアメリカの思惑を反映したものであった。しかもインドネシアを牽制することが目的だと大統領は考えられた。そこでマレーシア粉砕闘争を展開したのである。スカルノは、オランダについで英米を敵にまわしたのだった。

しかもこのような闘争の背後では中国が常にバックアップしていたから、欧米世界は、スカルノを中道ではなく左寄り、東寄りの政権だと見なしていた。しかも国内では、スカルノ大統領は自らが掲げた建国五原則（パンチャ・シラ）、すなわち「神への信仰、人道主義、国家統一、指導された民主主義、社会主義」のほかに国家紋章の中にある「多様性の中にある統一」（ビンネカ・

トンガル・イカ）とのバランスの上に国家を運営していくのが望ましいとするナサコム体制「民族主義・宗教・共産主義」を構築していた。その結果、一九五五年の総選挙で第四党であった共産党の勢力はどんどん伸びていった。

共産国であるという理由でオリンピック委員会から疎外されていた中国、北朝鮮、ベトナム、ラオス等の諸国を招いて行ったガネホー（新興国スポーツ大会）に続くアジアン・ゲームズ（アジア競技大会）開催で国際オリンピック委員会からは総スカンを食うし、西イリアン問題でインドネシアに対して強硬な態度を取り、オランダに味方する国連にも愛想をつかして、一九六五年初めには国連からも脱退してしまった。その頃、西側諸国でインドネシアとのつながりをかろうじて維持していたのは日本くらいのものである。

私がインドネシアへ嫁いで来て以来ずっと、大統領は西イリアン闘争に明け暮れておられた。私はそれが終結したとき本当にほっとして、これで今後は大統領も国内の経済問題などにもっと心を砕き、力を入れてくださるだろうと思っていたのだが、引き続いてのマレーシア闘争。私は疲れきってしまって、何かよくわからないままに、内心いささかうんざりしていた。

その頃、じつは私と同じ思いをしている人が陸軍幹部にいたのだが、私たちは気づかなかった。

大統領の裏切り、ハルヤティのこと

私の立場が「陰の女」からようやく正式な妻として公私共に認められ、ウィスマ・ヤソオという立派な館をいただいて、ようやく心から幸せをかみしめられるようになった矢先のことだった。

一九六四年初め頃、古内大使から「ヤソオ宮殿の反対側に住む女性のことを聞いたことがありますか？　蘭の花の栽培所の近くに住んでいるといわれる女性のことですが」と聞かれた。私の反応がまったくないため、そのままで終わっていた。

蘭の栽培所というのは、いまでもタマン・アングレック（蘭の園）という地名がモールの名として残っているように、ヤソオ宮殿のあるガトット・スブロト通りを西へまっすぐに行ったところである。

ある夜、大統領を表までお迎えに行こうと思い、秘書の中野美瑛子と一緒にガトット・スブロト通りに出て、セマンギのフライオーバー交差点の辺りまで歩いていった。やがて護衛を従えた大統領の車がやってくるのが見えたが、そのとき、「あれ、変だな」と思ったのは、車が大統領宮殿の方角から曲がってくるのではなく、スリピの方から真っすぐにやってきたからであった。しかしそれ以上疑問を解明しようとはしなかった。「知りたくない」というより、大統領を信じきっていた私であった。疑うことなどまったくなかった。

そのずいぶん前に、フランス大使ギィ・ドルジュ夫妻のランチョンに招かれて美瑛子さんと行ったとき、大使夫妻が、大統領が夜にときどき隣の家に数人の護衛のみを連れてくるが、あまり安全とは言えない、と私に言った。私がすべて知っていると思っての発言だったのか、私に好意をもっているため、私に知らせるために言ったのかわからないが、「きっとそれは大統領ではなく他の人でしょう」と言うのが精いっぱいであった。

じつはその頃、後に「四番目の妻」として知られるようになるハルヤティという女性が大統領の側近くに存在していたのだった。後でわかったことだが、ハルヤティとスカルノ大統領は一九六三年五月に、つまり私がインドネシア国籍を取得した一年後に結婚していたそうだ。

そしてこれはだいぶ後になってから――一九六七年春、私が日本へ出産のために帰っているとき――、ハラルド・エデルスタムというスウェーデンの元ジャカルタ駐在大使から聞いたのだが、オランダからの西イリアン解放が実現して、初めて大統領が西イリアンを訪問したとき、ハルヤティが同行していたのだそうだ。大使は「なかなか、いい感じの人でしたよ」と付け加えた。

西イリアンは、一九四九年の主権移譲の際にオランダ領として残されたままであり、いわば新植民地主義の象徴のような存在だった。その西イリアンの奪還は、オランダとの闘争の勝利宣言をする、大統領にとっては晴れの舞台であり、各国の大使を招待して大々的に式典が行われた。その席にハルヤティを連れて行ったというのだ。

これは私にとっては大ショックだった。というのは、私はスカルノ大統領と一心同体、同志として、西イリアンの奪回には力を入れてきたつもりだった。大統領が闘っておられる姿を見て、「ああイリアン問題さえ解決すればこの国は経済建設に前進できるのだ。早くこの問題を片付けよう」と、大統領と心を一つにして成り行きを見守っていたのだ。それがようやく実現したその記念すべき訪問のときに、ハルヤティを連れて行くなど、もってのほかだった。実質的な随一の

「夫人」であったハルティニ夫人が行かれるならまだしも、である。

当初ハルヤティは、メンテンのマディウン通り（フランス大使公邸の隣家）に住んでいたが、後にスリピに家を与えられていた。その家は紆余曲折を経てスハルト一族の手に渡り、いまはタマン・アングレック・モールの一部になっている。

聞くところによると、彼女もまた結婚するとき、ファトマワティ夫人とハルティニ夫人以外の存在は知らなかったという。私の存在を知ったとき、その存在を受け入れることができず、「ジャカルタの宮殿が空っぽだったので結婚したのに！」と悔やんだそうである。ハルヤティはその後、一九六六年十月、つまり大統領がスハルト将軍に実権を奪われて一番苦しかった時期に離婚している。

そしてあろうことか反スカルノの風潮が流れるなか、雑誌に出て悪口雑言を言い放った。いつかスカルノから受けた恩恵を忘れ、彼女は自分を悲劇のヒロインに仕立てていた。そしてその翌年、彼女は元の恋人サクリーと再婚したが、その彼とも十一年後に離婚している。

知ることを避けていた私が彼女の存在をはっきり知ったのは、「九・三〇事件」（後述）の後、日本へ出産のために里帰りし、世間からバッシングを受けてひどい失意のなかにいたときであった。私はなんと日本の週刊誌を通して知ったのだった。

ひとりで日本に行き、夫と離れて子を産む私にとって、この週刊誌の記事は過酷であった。耳で聞く噂と違い、大統領のまわりの女性たち、ファトマワティ、ハルティニ、ハルヤティ、ユリケ・サンガの顔写真が載ったとき、私はこの現実を事実として受け止めざるを得なかった。

後に大統領が亡くなったとき（一九七〇年六月）、ハルヤティが弔問に来ており、私とはそのとき初めて顔を合わせた。だいぶ遅れて来た彼女に「あなたは大統領を誹謗し、すでに大統領と離婚したのだからここへ来る権利はない！」と言って、挨拶しようと手を差し伸べてくる彼女を払いのけたのを覚えている。

それをインドネシアのメディアは、「デヴィは夫が一番苦しんでいるときにハルヤティが裏切り行為をしたことが許せず、怒りをぶつけた」と、私に味方して書いた。

じつは大統領はほかにも何人かの女性を愛され、側に置かれていたようだ。その一人がユリケ・サンガというスラウェシ島のポソ出身の女性だ。

自殺未遂

自殺未遂事件のことにふれよう。

一九六四年十月、私は世界旅行中の大統領とローマで別れて、東京オリンピックの開会式にインドネシアの選手たちを引率して東京に来ていたマラディ・スポーツ大臣夫妻と合流した。この夫妻がひそかにハルヤティを後押ししているという噂があった。マラディ夫人の目の底に、はっきりと嘲笑の色があらわれ、私が目をかけていた護衛の一人が明らかにとった横柄な態度は、「イヴ・デヴィのご不興をこうむったって平気です。他に仕える人ができたんですから」と言っているようだった。

駐東京のハルソノ大使夫人は、ボゴールのハルティニ夫人に忠義顔をしたいばかりに私にひどい妨害をした。それを私に詰問された彼女は大声をあげて大使に泣きつき、このときすでに私と合流していた大統領はこの騒ぎを聞いて部屋に入って来ると、ハルソノ夫人の顔を立てるような裁定を下してしまった。

私は唖然となり、言いようのない悲しみに目がくらむような思いがした。私が正論を吐いているときに、私の大統領夫人としての尊厳は一体どうなる。そして大統領には、私のあとに日本の女性をどうこうするのはやめてくださいと誓約していただいたのに、私を消そうとする力が色々な形であらわれる。すべてが空しかった。

ハルヤティという女の登場は、マラディ夫妻にとどまらず、もっと広い「ハルヤティ閥」をジャカルタの政界に生み出さずにはおかないだろう。それはハルティニ夫人の陰険な工作に翻弄されていたときのことを思い起こさせ、私の胸をかき乱した。そしてまた、再びあの葛藤を繰り返すのかと思うと、いたたまれなかった。

大統領が羽田を発ったあとも、私は帝国ホテルに居残って、救いようのない空しさを抱き締めていた。十一月三日の夜、部屋の電気もつけず、食事もとらず、カーテンも引かず、私は東京の灰色の空が暮れていくのを見ていた。金勢さんのことが、やはり思い出された。病院建設や慈善事業もいいけれど、私はあまりにも働き者になってしまって、彼の目にはもはやかわいい人と映らなくなったのだろうか。そして、そのとき弟を思った。ああ、弟もやはりこんな気持ちだったのかと、自殺者の心が急に身近に感じられ始めた。

私は、最愛の母と弟を犠牲にしてスカルノに賭けたのだ。ジャカルタでどんなに迫害されようと、耐えることがスカルノのためと信じたからこそ耐えたのだった。それなのに、私が母の死を看取《みと》るために日本に帰っている五十日間にハルヤティのことが起こった。あげくのはてに大使夫人ごとき者の前で恥をかかされた。私は、いったいなんのために母と弟を殺したのだろうか。

私は大統領を許せなかった。愛すれば愛するほど憎しみがわいてくるのを、押さえることができなかった。それと同時に、とり返しのつかぬことをしてしまった自分の人生に絶望した。母と弟とスカルノを愛しながら、三者ともに失ってしまった失敗に、ほぞを噛んだ。自分の人生は失敗だったという事実が、疑問の余地ない強さで私の胸を占めた。生きているのは、もはやせんなき所業だった。

その夜は、夜っぴて自分を弟に重ね合わせた。開けた窓には、ホテルの外の道を走る車の騒音がごうごうと鳴っていたが、やがてそれも絶えた。胸の中は、からからに干上がっていた。夜が明ける頃には、私は、もう完全に弟と一体だった。彼の遺書にあった「人間失格」という言葉だけが、空っぽになった心の底に澱《おり》のようにたまっていた。

もう明るくなっていた。オーバーをひっかけてロビーを突っきり、タクシーをとめて薬屋の戸をたたいてまわった。睡眠剤を買い集め、部屋に戻ってドアに鍵をかけた。

発見されたときには、すでに瞳孔が開いていたそうである。胃洗浄では手遅れだとかで、腸の洗浄をした。

二度とインドネシアへは戻らないつもりだった。もし自殺が成功していれば、金勢さんの事件に追い討ちをかける迷惑を大統領にかけることになったはずなのだ。どの顔さげて帰れるだろうか。だが、彼からは日に二通の割で帰ってきてくれという電報が来た。最後には、ジャカルタから迎えの使者が来た。自殺のとき、いったんこの世の未練を捨ててしまった私は、やすやすと折れはしなかった。大統領の愛の言葉もそらぞらしく聞こえ、花を贈られても、どんな長文の手紙を受けても、ほかの女性にもこうなのだろうかと、かえって猜疑《さいぎ》に心を責められた。だが、連日、日本とインドネシア双方の関係者から説得を受けて、もうそれ以上ご迷惑をかけるのにしのびず、一カ月あまりのやりとりの末、ジャカルタに帰ったのだ。

私が自殺未遂事件を起こして病院へ担ぎ込まれたとき、真っ先に鄒梓模《チヨウシモン》を病院に呼んで、心中を訴えたというようなことが、『スカルノ大統領の特使』に書かれているが、それはまったくの嘘だ。

そもそも彼の本を読むと著者はひどい大ボラ吹きとしか思えず、私はいまでも怒りを覚える。私は生涯で彼に二回か三回しか会っていない。金勢さき子さんを大統領に紹介なさったのが鄒さんだと聞いていたので、私の出現でさき子さんが自殺なさったという誤解を何とか解きたいと思い、ご紹介いただいたのだった。故に大統領とまったく関係ないところで、日本で個別にお会いしていた。「大統領ととても親しくしておられた」ように書いているが、大統領からはそのお名前を聞いたこともなかった。

迷いのとき

その頃、私は俳優の本郷功次郎さんと出会った。インドネシアへ行く前から映画雑誌で彼の写真を見て「ああこの人素敵」とあこがれていた人だった。大映の永田雅之氏のご招待で、初めて東京でアジア映画祭が開催された折、私が一人で東京にいたそのときにお会いする機会があり、「ああやっぱり素敵」と心惹かれていった。とはいえ、私にはいつもインドネシアから護衛がついてきており、宿泊するホテルの部屋の廊下で見張っていて、自由な時間であれ、そう簡単に男性と会ったりすることはできない。

彼への憧れは恋に変わり、ときには秘書兼ヘアスタイリストの中野美瑛子さんが廊下へ出て、護衛に話しかけ気をそらしているあいだにこっそり抜け出たり、あるいは、これまた中野さんの助けを借りて窓から出て、帝国ホテルの旧館は石が重なったような壁でできていたので、テラスのようなところへ降りて靴をぬぎ、忍び足で外へ出かけていったりした。まるでロミオとジュリエットの世界だった。

そんな苦労をしたから一層恋心が燃えたのかもしれない。しかし私は最後の一線だけは保ち、良心の呵責はなかった。ときに大統領へのドス黒い疑いが頭をもたげ、降りしきる思いがそうさせたのか、黒川暎二さんとの恋が成就しないで終わり、心のどこかにはやはり同じ年頃の日本の男性を求める気持ちが残っていたのかもしれない。

私はそれまで、母や弟の死を無駄にしないためにも大統領に嫁いで偉大な女性にならなければいけない、ということばかり考えていたのだが、母も弟も別に私に偉くなってほしいなどと思っていなかったのではないか。ただただ私が幸せになってくれることを願っていたのではないか。大統領のもとで、あのように気負った生活をするのではなく、本郷さんのような方と結婚して幸せな人生を送るべきだったのではないか、などと考えるようになった。

こんな思いを胸にジャカルタへ戻った私。住みなれたジャカルタはイキイキとした緑とオレンジ色の屋根の街ではなく、日本人を恋する目にはゾッとするほど灰色の街と化していた。私と大統領のあいだにただならぬ重苦しい空気が漂っていた。すでに護衛からの報告を受けていたのであろう。

日がたつにつれ耐えられなくなった私は意を決して大統領に、「私のわがままを許し離婚してください」とお願いした。大統領が「相手は誰か?」と尋ねるので、「俳優です」と応えると「一週間考えさせてほしい」と言われた。それから一週間、大統領は食事をとることができなかった。

「私自身が彼と会って、よく話そう」

それが一週間後の大統領の決断だった。本郷さんが大統領に面と向かって話をつけてくれるだろうかと怯む気持ちもあったが、いいえ、彼は勇気を持ってジャカルタに来てくれるに違いないと、自分を励ます気持ちもあった。

「それでは彼と連絡をとります」

しかし翌日、大統領は会うやいなや私の手をとった。そして、「その男を殺してでも自分はあなたを離さない」ときっぱりおっしゃった。私は大統領が離婚をすんなり許してくださると思っていたので、その強い愛情に衝撃を受けた。それまで大統領の愛を感じて、日々生きてきたにもかかわらず、その愛の真の深さがわからなかったのだ。

「何という思い違い、やはりここで、中途で、放棄してはいけないのだ」

私は、大統領を世界で一番幸せな男性にしようと、より一層、全身全霊をかけて大統領に尽くそうと新たに決意をかためた。

第4章

九・三〇事件

一九六五年九月三十日、深夜

大統領と私の運命をすっかり変えてしまうことになった、あの九月三十日深夜の事件は、思い出すだけで胸が締めつけられる。

一九六五年（昭和四十年）九月三十日の深夜、「革命評議会（デワン・レボルシ）」を名乗るウントン中佐らが八人の陸軍将軍の家を訪ね、「大統領がお呼びです」と偽って将軍たちを誘い出し、誘拐したあげく殺害した。また、怪しんで抵抗した者はその場で殺害された。ただ一人、ナスティオン将軍だけは隣のイラク大使館の塀を乗り越えて逃げ、命拾いをした。しかし、副官のテンデアン中尉と八歳のお嬢さんが流弾にあたって命を落とした。

翌朝になって、革命評議会と名乗る一団が犯行声明を行った。それは、これらの八人の将軍が「将軍評議会（デワン・ジェンデラル）」という組織をつくり、十月五日の国軍記念日にクーデターを計画していたので、それを未然に防ぐ行動をとったという説明であった。

大統領はその前夜、セナヤン競技場で開かれた技術者のための集会で演説し、その後ムルデカ宮殿に戻って平服に着替えてから、ホテル・インドネシアの十五階にあるクラブ「ニルワナ」にいた私を迎えに来られた。私はイタリア大使ムチ・ファルコーニ男爵夫妻のお宅で催されたレセプションを辞去した後、イラン大使ご夫妻のお招きを受けニルワナで遅い食事をしていたのであった。

私はその後、迎えにこられた大統領と合流し、一緒にヤソオ宮殿まで帰った。そのことは周知の事実なのに、齋藤鎮男大使はメモワールで、大統領がその夜怪しい行動をとっていたかのような書き方をしていて心外である。またブラックマンというインドネシア研究者が、その夜スカルノはヤソオ宮殿でウントン中佐らと会っていたのではないかという疑問を提示しているが、それは大変な間違いである。

不気味な部隊

あの晩はいつものように何一つ変わったこともなく過ごし、大統領はいつものように翌朝六時前、大統領宮殿へ戻るために出ていかれた。「デヴィは朝寝坊だから、事件の翌朝、大統領が出かけられるときに起きていたはずがない」というような書き方をして、私の証言の信憑性を疑うような記録もあるようだが、その朝確かに私は大統領を送り出している。何か突発事件があったという報告を大統領が受けられたのは、ヤソオ宮殿を出てからのことであるから、私自身はそのニュースを聞いていない。

家を出た直後に、大統領はメンテンのナスティオン邸とレイメナ副首相の屋敷のあたりで襲撃があったという報告を受けられたそうだ。

詳細がわからぬまま、大統領が宮殿前のムルデカ広場へ行くと、多くの軍の部隊が出動していた。そのとき、所属がわからない部隊に大統領官邸が取り囲まれているから、官邸には入らないほうがいいと警護の誰かが判断したらしい。

取り巻いていた兵たちは、記章など所属部隊を示すものをすべて制服から取り外しており、不気味であった。しかしながら、じつはこの部隊こそウントン中佐らの暴挙を鎮圧し、大統領に会うために待っていたスハルト少将とその指揮下にいた部隊なのであった。

大統領は急遽、車をターンさせ、大統領宮殿へは向かわずに、スリピのハルヤティの家に向かったのだそうだ。

このとき以来、スカルノ大統領はことごとく判断を誤ったと私は思う。そのとき予定どおり官邸へ入っておられれば、その後の運命もきっと変わっていただろう。朝八時に大統領との定例会見の場がセットされており、その日も閣僚やＶＩＰの取り巻きの方々が重要な報告などのために、そこで待っていたのだ。スハルト少将自身、大統領に会いたくて大統領官邸のまわりに待機していたのだった。

いま思えば、そのときスハルト少将は自ら鎮圧した暴動を大統領に直接報告し、指示を仰ぎたかったのではなかろうか。それを知らない、また、わからない大統領の取り巻きたちは彼らを怪しげな部隊としか見ることができず、襲撃事件にどう関わっているのか知らず、大統領の命を狙う敵と見なしてしまったようだ。

スハルト将軍が大統領に会っていたなら、色々な情報も入ってきて、それをもとに適切な判断を下し、自ら指揮をとることができたはずだ。そして、歴史はスカルノに味方し、スカルノ大統領は安泰であったかもしれない。そう思うと本当に残念でならない。

そのとき私は、大統領がハルヤティの家に立ち寄ったとは知らなかった。第一、ハルヤティの存在すら私はまだはっきりとは知らなかったのだ。個人的な感情を別として、本当にそれは残念な行動だった。

『スカルノの妻たち』によれば、「十月一日の朝六時三十分に突然スカルノがやってきた。非常に緊迫した様子だった。ナーバスだった。部下たちが次々にやってきた。やがて『行くよ』と言って、部下たちとともに行き先を告げずに、間もなく出て行った」ということだった。

その後、大統領はハリム空軍基地へ行かれたのだった。陸軍の将軍たちのあいだで内部争いがあり、襲撃事件があったらしいとの報告を受けていた大統領は、空軍基地にいれば、ジャカルタが危なくなったときはいつでも飛び立てると考えて、側近のすすめでそこへ行かれたのだろうが、それが彼にとっては致命的な命取りになった。

というのは、殺害された将軍たちの遺体が数日後、ハリム空軍基地近くの、ルアンブアヤ（鰐の穴）と呼ばれる古井戸から発見されたのである。空軍は左派系とみられ、またハリム空軍基地の周辺ではしばらく前から共産党が推した第五軍が軍事訓練を実施していたことなどから、この将軍虐殺事件の首謀者は共産党であるという情報が、どこからともなく囁かれ始めた。そのようななかで、大統領が宮殿に姿を現さず、空軍基地に赴いたというのは、ネガティブな憶測を呼び起こすものだったのだ。

共産党への接近

一九四五年の独立宣言後、スカルノ大統領はようやく一人立ちしたインドネシアを建国五原則（パンチャシラ）「神への信仰、人道主義、国家統一、指導された民主主義、社会主義」を掲げて引っぱってきた。

しかし、確かにこの頃のインドネシアの政治状況は、いろいろな意味で緊張をはらんでいた。一九五五年（昭和三十年）の総選挙で四大政党の一つとなったインドネシア共産党は、三百五十万人の党員を擁し、中国共産党に次いでアジアで二番目に大きな共産党であった。

スカルノ大統領はオランダに対する民族独立運動を展開している頃から、民族主義、宗教、共産主義がインドネシアの独立闘争にとって重要な三つの柱だと考え、この三つのバランスの上に国造りをしようと考えていた。その政治体制はナサコムと呼ばれた。

ナサコムのなかで共産党はどんどん勢力を伸ばしていったが、イスラム勢力とは相容れない側面が多く、草の根レベルでも絶えず緊張状態にあった。また国軍に関して言えば、空軍はオマル・ダニ司令官以下左派系が強かったが、陸軍は反共的な勢力が強かった。

大統領が推進していた反新植民地主義・反新帝国主義闘争――具体的には、オランダとのあいだに展開されたオランダ資産の国有化や、主権移譲の際にオランダ領として残されたままであった西イリアン（ニューギニア）の奪回、さらにイギリスの覇権のもとでのマレーシア連邦誕生に対する反対闘争など――のため、インドネシアは西側世界からは厳しい目で見られていた。大統領は、ヒモつき援助でインドネシア経済を乗っ取ろうとし、あるいは、ＣＩＡの手先を使ってインドネシアの攪乱をはかったアメリカには、仮借のない態度で反発した。

そのようなインドネシアにとって、ソ連や中国は力強い盟友だった。そのためにスカルノ政権は共産党寄りだというレッテルが国際的にも貼られていた。実際にはスカルノ大統領は決して共産主義者でもなければ、そのシンパサイザーでもなかった。自国を自力で統治する完全独立をめざしていただけであり、そのためには外国の同志に対しての援助を惜しまなかった。

西イリアンの国民投票が国連の管理下で行われ、その結果、イリアン人はオランダに属する方を選んだ。だがスカルノは、これはオランダの策謀により国連が加担したものとみなした。そして、アメリカが台湾を中国として承認し、「二つの中国」はないとしたが、中国のような広大な国土と人口を誇る国を国連が加盟国と認めず、ラオスなど共産国と決めつけた国々を加盟国としないにもかかわらず、大国であるアメリカとソ連が加盟国の負担金を未払いにしていることから、国際連合からの脱退を決意したのだった。

当時の国連のあり方を示す言葉に「小さい国と中くらいの国が紛争を起こせば小さい国が消え、中くらいの国と大きい国が紛争を起こすと紛争が消え、大きい国と大きい国が紛争を起こすと『国連』が消える」と言われていた。

スカルノは国連のあり方に疑問を投げかけ、すべての国が公平、平等に議論できなくては意味がないとした。一九六五年一月に、ついにインドネシアは国際連合から脱退して、孤立を深めるとともに、ますますソ連・中国寄りとなっていった。

当時スポーツ界でも、中国、ラオス、ベトナムは共産国とみなされ、オリンピックに参加させてもらえなかった。これに反発したスカルノは、ソ連が建設したセナヤン競技場のオープニングの祝いを兼ねて「アジアン・ゲームズ」を開催し、オリンピックに招かれていない国を招待した。スポーツに政治を介入させたと西側から非難されたが、スカルノはオリンピック自体が政治介入を容認していると言って譲らなかった。

西側（主にアメリカ、イギリス、オーストラリア、オランダ）から見放された一九六〇年代前半のインドネシアにとって、日本はほとんど唯一の西側の友好国であった。日本は賠償の支払いを通じて、インドネシアとは太い経済的パイプをもっていたし、マレーシアとの対立に際して調停を買って出るなど、政治的にも関与したのである。

大統領とは十年以上、離婚同然だったファトマワティは、どちらかと言うと国軍と近かったのに対し、ハルティニは共産党と近く、閣僚ではスバンドリオ外相兼副首相と親しかった。大統領とハルティニとの結婚に際し、強く反対したのがナスティオン将軍夫人だったこともあって、何となくファトマワティの後には軍がつくようになり、一方、その反動からハルティニは共産党に近くなっていったのである。

自分の立場を強固にするのに都合よく両者が利用し合ったのではないかと思う。共産党の機関紙には、ハルティニの写真がよく登場しているのに対し、ファトマワティは軍のメディアによく登場するというふうにであった。

私は以前から、スカルノ大統領がスバンドリオ外相とハルティニの影響を受けて共産党に近づかれることを、はらはらしながら見ていた。その私に対して共産党とスバンドリオ外相は、日本人だからアメリカと近いと考えたのか、「CIAの回し者」だという噂を流したりしていた。

ハリム空軍基地へ

ともかく事件当日は何がなんだかわからなかった。私のもとへの第一報は、当時大統領と私のあいだの連絡役をつとめていたスパルト大尉によってもたらされた。「突発事件があったが大統領はご無事です。ご安心ください」というものだった。

お昼頃になると、重装備をした兵士三十名がヤソオ宮殿にやってきて警備についた。一体何が起きたのだろう？　午後二時には、東京のインドネシア大使館で元教育・文化部長をつとめていたマルトノ氏がやってきて、「大統領はご無事ですか。大丈夫ですか。大統領はどこにおられるのですか」と尋ねた。大統領の安否を真剣に気遣うマルトノ氏、しかし私は、この人が敵か味方かとっさには判断できなかったので、「知りません」と答えた。

本当に誰が敵で誰が味方なのかわからなかったが、マルトノ氏は「われわれ」と言うときにスハルト少将という名を口にした。私がスハルト少将という名を聞いたのはそのときが初めてだった。また、その日の事件に関連して「やったのは共産党らしい」と言っていたので、私は大統領を何とかして共産党から引き離さなくてはと考えた。

それと同時に私は、マルトノ氏から得た情報を即刻、大統領に伝えなくてはならないと直感した。「お伝えしたいことがあります。どうしても今日、いますぐお会いしたい」という趣旨のメモを大統領宛てに送り、ようやく夜九時半ごろ迎えの者（スパルト大尉）が、幾つもの関門を通り、暗号パスワードも変えて、私を空軍基地へ案内してくれた。

大統領は普通の民家のようなところにいらして、入っていった私の姿を見て、嬉しそうに手を上げ「オー」と明るい声をあげた。

暑かったせいか、大統領は白いシャツ姿であった。あまりに緊張していた私の目には、それが包帯を巻いているように映った。「ああ、大統領は怪我をされている」と一瞬思った。

私は大統領に切々と訴えた。

「昨夜の襲撃事件で大統領も狙われたのではないか、大統領が官邸にいないのは負傷されているからではないかと、人々が大統領の安否をどれほど心配し、不安がっているか……。みな混乱し、おかしな情報が飛び交っています。治安がなくなって、大変なことになっています。一刻も早く人々の前に姿を現して、無事でいらっしゃることを証明して、不安を取り除いてあげてください。大統領が指揮してこの混乱を治めなければいけません」

しかし、大統領は事態を掌握しておらず、こう言われた。

「いまは姿を現すことはやめた方がいいとセキュリティの者たちは言っている、しかもいまここにいるのは危険なので、これから移るのだ、敵がこちらに向かっているそうだ」

私はあわてた。

「でしたら私も連れて行ってください。決してお邪魔になりません」

と必死になって頼んだのだが、駄目だった。

「どこへ行かれるのですか」

「マディウンがセーフ（安全）なところのようだ」

「えっ、マディウンですか。それだけはやめてください。ジャカルタが危ないのでしたら、ボゴールに行かれればいい。まだボゴールの方がジャカルタに近いので便利かと……」

こんなときにハルティニのことなど考えていられなかった。

そのとき大統領は、オマル・ダニ空軍司令官、レイメナ副首相らと話し合いの最中で、何人かの側近とともに、そこから空路東ジャワのマディウンに飛ぶ予定だと言った。マディウンは空軍の大きな基地のある町である。しかしそこは、インドネシアの人に共産党との悪い思い出を連想させてしまう所でもあった。

私は何がなんだかわからないままに、ともかくその計画に不吉なものを感じて「そんなところへ行かれたら、国民の不安はつのるばかりです」と言って、必死になってそれを止め、レイメナ副首相に懇願した。

私の密使

結局、レイメナ副首相らの判断で、未知の敵に攻撃される可能性があるので、大統領は速やかにハリム空軍基地を立ち去るべきだが、しかし、飛行機でマディウンへ行くのは空軍の守護下に置かれ不都合なことになるので、ジャカルタに近いボゴールに向かうことになった。ハルティニのもとである。そしてその後十一日間、ボゴールで執務をとり、閣議もそこで開いておられた。しかし、この十一日間で大統領は完全に指導力を失うことになる。私は必死になってボゴールにいる大統領のもとに懸命に集めた情報のレポートを送り続けた。

私は大統領の周囲にいた人々を信用していなかった。大統領の耳に一方的な情報しか入っていないのではないかと疑い、私は極度の不安に襲われた。街の声を、人々の声を、軍の声を大統領に伝えたかった。私はマルトノ氏らから聞く情報と大統領から聞く情勢のあまりの差に仰天し、頭がおかしくなりそうだった。

私はすぐさま、お嬢さんを亡くされたナスティオン夫人のもとに見舞いの使者を送り、軍側の情報を得る努力をした。

あの、どんな突発事故も起こりかねない危険をはらんだジャカルタの街で、私の密使として活躍してくれたのは、秘書の中野美瑛子であった。彼女は勇気をもってこの仕事を引き受けてくれた。彼女は私の手紙を小さくたたんで下着にしのばせ、当時三井物産の支店長代理をしていた木下産商出身の高橋健二夫妻のところでナスティオン夫人の弟と落ち合って、手紙を交換した。


いただいたもの、ありがとうございました。秘密保持のうえからも、あなたが私をご存じのようなそぶりは絶対にしないようになさいませ。私のことを、みんなは、中立を守っている人間だと思っております。この文通のことがB夫人（ボゴールにいるハルティニ夫人）にでも知れましたら、彼女は、きっと報復をすることでしょう。

OD（オマル・ダニ空軍司令官）はB夫人の〝秘蔵っ子〟です。もし大統領がODを罰しようとなさったら、B夫人は対抗措置をとるはずです。真偽は不明ですが、ODが近く外国へ行くという情報もあります。

ウントン中佐の尋問結果によれば、九・三〇クーデター未遂事件はPKI（共産党）の謀略で、共産主義政権を樹立するのが目的だったとのことです。PKIはまもなく反撃に転じるとも聞きました。

私の夫は正しい人で、クーデターをたくらんだりする人間ではないことを大統領にお伝えくださるよう重ねてお願いします。イドル・アドハの大統領暗殺未遂事件も、回教徒を装ったPKIのしわざだという証拠が上がりました。回教徒を悪者にするための陰謀だったとのことです。

もし大統領が私の夫を信じてくだされば、PKIなどたちどころに崩壊してしまいます。彼らはそれがこわいのです。

国民大衆やさまざまな団体は、大統領が九・三〇運動に対して、はっきりした態度をおとりになること、そしてそれを糾弾されるのを待っています。彼らは待ちかねています。もし大統領が早急に態度を明らかにされなければ、人々は失望するばかりか、大統領が九・三〇運動を擁護していられるものと解釈するでしょう。

S（スバンドリオ）は、B夫人の助けを借りて、いまなお大統領の耳に毒のある言葉をささやいています。だが、彼のいうことはみんなうそです。S夫人（スバンドリオ夫人）も、あなたに忠義顔をしていますが、やはりB夫人の子分なのです。みんな知っています。

なぜ海軍司令官を変えねばならないのでしょう。マルタディナタはいい人なのに。では、お気をおつけください。

これがナスティオン夫人の手紙だが、夫人は、夫がいかに大統領から誤解を受けているかを述べ、ハルティニ夫人と共産党の関係を綿々と非難してきた。

当初、大統領は秘密裏に行動しておられたので、国民には大統領の居場所も、そして一時は安否すらもわからず、行方不明だといって国民は騒然としていた。大統領も殺されたのではないかという噂が立ち、ジャカルタは無秩序状態に陥りつつあった。

副官のバンバン・ウィジャナルコによれば、大統領はムルデカ宮殿に残っていた子供たちのことを案じられ、全員ハリム空港に呼び寄せ、安全なバンドンへ避難するよう段取りされた。

「政治的見解に影響を与える女性」

九月三十日というより十月一日未明の事件後間もなく、スハルト将軍率いる陸軍戦略作戦司令部《コストラッド》が事態を掌握し、ウントン中佐をリーダーとする革命評議会は簡単に粉砕されてしまった。

前述のように、十月四日には、ハリム空港近くの「鰐の穴」から六人の将軍の無残な遺体が引き揚げられ、その様子がテレビで大々的に中継された。そしてその背後に共産党がいるというスハルト将軍の陸軍側に有利なストーリーがいち早く流され、世の中の一般的な見解として受けいれられるようになった。国民の怒りと憎悪はまたたく間に共産党に向けられた。すでに共産党系のメディアは発行禁止になっており、この時期のメディアは完全にスハルト派に握られていた。

そのメディアによって、「残虐な殺人者」という共産党のイメージづくりが巧みになされていった。殺された将軍たちの遺体が並んだその虐殺の場で、共産系の婦人団体ゲルワニのメンバーたちが怪しげな踊りを踊っているシーンが放映された。後にそれは、ジャカルタ市内の女子刑務所で撮影された「やらせ」だということが判明するのだが、国民は共産党員に対して、狂気に通じる異常な人々というイメージをもち始めた。

このようなメディアによる政治的なイメージづくりは、当時のインドネシアではとても考えられないことだったので、おそらくＣＩＡが背後にいたのだろうと思う。

事件後、十月十一日に大統領と再会するまでのあいだに、八通の手紙が大統領から私の手元に届いた。一九七三年（昭和四十八年）に、その内容をオランダの新聞に発表したところ、オランダでは、それらの手紙からは大統領がこの事件を共産党と結びつけて理解していた様子はまったく窺えず、軍隊の内紛と見ていたことが窺われると解説された。

これはたいへん大切かつ重要なことであった。なぜなら、将軍暗殺は大統領が事前に知っており、黙認していたのではという疑いさえかけられ、その後の死に至るまでの三年間にも及ぶ幽閉につながったからだ。これらの書簡によって大統領の潔白が証明されたのである。

また、若手歴史研究者のユアンダザラは、そのような重要な時期にスカルノが他の妻たちでなく、デヴィとのみこのような密接なコミュニケーションをとっていたことは、彼女を単に男女の間柄としてのみ評価していたのではなく、デヴィは大統領の政治的見解にも大きな影響を与える女性だったのだということが窺えると述べている。

十月五日、虐殺された将軍たちの葬儀が行われた。

あの頃はメディアの演出もあって、国民のあいだで将軍の死を悼む気持ちが巨大にふくれあがっていた。そして国民の誰もがスカルノ大統領の列席を望んでおり、葬儀は国民の信頼を取り戻す最高のチャンスの場であった。私は必死に頼んだのだが、結局大統領は出席されなかった。一触即発の危機となりかねない事態とまわりの者は思い、セキュリティの問題を考えて大統領を行かせなかったのである。スカルノ大統領の身に何か起こったら、自分たちが破滅すると恐怖を抱いた人たちだ。行っていれば、国民の熱い涙でスカルノはおおわれ、救世主のようになれたはずであった。

しかし、あのときたとえ凶弾に倒れたとしても、それは名誉の死だったと思う。また政治家はそうあるべきだと思う。ケネディ大統領はあの凶弾に倒れたからこそ永遠に英雄であり、全てのミスは寛容に許される。

大統領はまたしても判断を誤ったのである。私はそのような大統領の決断に怒り狂った。人心を再び掌握できるチャンスだったのだ。

「赤狩り」の嵐

私が大統領にようやく再会できたのは、十月十一日のことだった。それほど長いあいだ、大統領はジャカルタをあけておられたのだ。

やがて全国各地でイスラム団体を中心に反共産党闘争が始まった。一九六五年の十月から数カ月にわたって虐殺の嵐が吹き荒れ、草の根レベルで多くの共産党員やその関係者が同じ村人たちによって殺された。それ以後三年以上もこの大量虐殺は各地で広がり、「赤狩り」という名目の下でスカルノ派とみなされた善良な市民や多くの村人たちが殺害されていった。この「赤狩り」の犠牲者の数は、八十万人という説から百二十五万人という説まである。背後で国軍がそれを誘導し、武器を供給していたのは周知の事実であった。

人々は共産党を非合法化せよと大統領に迫っていた。大統領はまだ権限をもっておられたが、連日イスラム団体や学生団体が中心になって反スカルノ・デモを展開し、国中が騒然となっていた。それまで独立の父として大きなカリスマをもち、終身大統領の地位を付与されて絶対的な権限をもっておられた大統領が、そのようなデモ攻勢にあうというのは信じられないことで、胸が痛んだ。

私はなんとか軍と大統領のあいだを取り持とうと、ひそかにナスティオン夫人と連絡をとり続けた。私には、ナスティオン将軍が、アメリカの後押しでスカルノを亡き者にして、自分が大統領の座につこうという野心を持った人物だなどとは、とても思えなかった。

私はスカルノ大統領とナスティオンご夫妻、スハルトご夫妻、それから殺されたヤニ将軍の未亡人などを大統領官邸にお呼びしてディナーを開き、新聞記者たちにそういう様子を写真に撮らせて報道してもらった。共産党の味方というスカルノのイメージを少しでも払拭し、改善するためであった。

隠退勧告

そんななか、スラウェシの軍司令官だったモハメッド・ユスフ将軍から、ひそかに連絡があり、お話ししたいことがあるからぜひ来ていただきたいと呼ばれた。彼の司令部に赴くと、将軍からこう依頼された。

「独立宣言を成し、これまで偉大な指導者としてやってこられたスカルノ大統領を、われわれは心より尊敬する。しかし、今はお疲れになっているのではないだろうか。もうお休みになっていただきたい。大統領という地位はそのまま尊重しますが、施政方針の権限を全部われわれ若者に与え、任せていただきたい。イヴには是非そのように大統領を説得していただきたい。われわれはイヴを信頼しています」

私は心の中でこの考えに賛成であった。将軍虐殺の疑いの濃い共産党を非合法化せず、人心を離れさせてしまった。あの朝、大統領がスハルト将軍に会っていたら、歴史はスカルノに味方し、スカルノ大統領は安泰であったかもしれない。ここでオーラを失うよりは、国民の英雄としてのイメージのまま、安泰の道を選ぶべきではないか。あれほど国民に敬愛されていた方だから、一時的にスハルトが権力を握ったとしても、世の中が鎮まれば再び大統領へと振り子が戻ると私は信じていた。

そしてそのように大統領を説得してみたが駄目だった。ここは妥協して、一時的に彼らについたふりをするだけでもいいのではないですか、と申し上げたが駄目だった。

ナスティオン将軍の処遇に関して、ひと晩大統領と大喧嘩もした。

「ナスティオン将軍は、あなたに謀反を企てるような人ではありません、スマトラの反乱もナスティオン将軍は関係ありません」

私が楯突くと、大統領は「あなたは何もわかっていないんだ」と言って私を揺さぶり、激しく反論なさった。後にも先にも、あれほど怒られた大統領を見たことはなかった。

大統領は、一九五二年の十月に軍が大統領に楯突いたのも、一九五八年のスマトラ反乱も、そして今回のこの事件もCIAが背後におり、陸軍の将軍たちを動かし、ナスティオン将軍が糸を引いていると疑っておられるのだった。そしてそのように口を出した私に対してひどく立腹なさったのである。

事件の黒幕はスハルト?

いま思うと、将軍評議会というのは実際に存在したのだと信じる。だがその当時、私は世論と同じようにそれを信じなかった。そしてスハルト少将には、むしろよい印象をもっていた。その頃スハルトは、メディアの巧みな演出もあって、国民の新しい英雄になっており、事態を収拾できるのは彼しかいないと私も信じていた。

どうもおかしいのではないか、そしてやはり将軍評議会というものはあったのではないかと思い始めたのは、一九六六年になって、あちこちで殺戮や放火が展開され、大地が大揺れに揺れている頃、セナヤンで小さな中華料理店を経営している中国人がやってきて、「イヴ、将軍評議会はありましたよ。よく私の店に集まって、あの殺された人たちはミーティングをしていましたよ」と情報を提供してくれたときだ。

まったく見ず知らずの中国人だったが、命がけで私に会いにきたのだという緊迫感が伝わってきた。私はそれで信じた。

ずっと後になって、アメリカの公文書、とくにＣＩＡの史料などが解禁になって一般公開されたとき、私も色々なルートから、インドネシアの「九・三〇事件」関連の史料を手に入れた。

そのなかでとても気になったのが、ジャカルタのアメリカ大使から本国の国務省へ送られた電報に、インドネシアの将軍がしばしばアメリカ大使をひそかに訪れて会談した際に、スカルノ政権の転覆をほのめかすような内容があったことだ。固有名詞の部分は黒く塗りつぶされているが、その塗りつぶされた文字は七文字で、ちょうどスハルト（Suharto ないしは Nastion）の綴りと一致する。ちなみに、殺された将軍たちは全員、アメリカで軍事訓練を受けていた。

さらに「九・三〇事件」の首謀者の一人として逮捕され、死刑判決を受けたラティフ大佐が、事件直前の夕方、「決行」前に陸軍病院でスハルトに会ったときのことを証言している。ラティフは、スハルトが中部ジャワのディポネゴロ師団長をしていたとき、その部下であった。

その日スハルトは、彼の末っ子のトミーが火傷を負って陸軍病院に収容されたためそこにいたのだが、ラティフはそこを訪れたという。ラティフはその後、終身刑に減刑され、一九九八年にスハルト政権が倒れて、政治犯がみな釈放されたときに自由の身になった。そして出版した回想録のなかで、そのようなことを証言しているのだ。

同じ年に、真実を知りたくて、私は人を介して牢獄のラティフに会いに行ったことがある。そのときに彼の口から驚くべきことを聞いた。すなわちラティフはその晩、「将軍評議会」の将軍たちを逮捕する（実際には殺害されてしまったが）ことを「決行」することをスハルト少将に報告しに行ったのであった。スハルトは何を黙認したのであろうか。

それだけではない。首謀者のウントン中佐もスパルジョも、「生死にかかわらず将軍たちを逮捕せよ」と直接命令を下したサムスル・アリフも、全員スハルト中将の中部ジャワ時代の元部下だったことを知った。

しかし私はヤニ将軍とナスティオン将軍はクーデターを起こしてスカルノ大統領を亡きものにし、政府転覆をはかった「将軍評議会」のメンバーではなかったと今でも信じている。

救急病院建設のために

このように、一九六五年の十月、十一月、十二月いっぱい、私は私なりに努力した。大統領はスハルトを少将から中将に昇任させて、彼を殺害されたヤニ将軍の後任の国軍司令官に任命した。国民は納得し、国情は一時的には平穏を得ているかのように見えた。

十二月十日にはサリ・アシ病院という大規模な救急病院建設の定礎式がスカルノ大統領、デヴィッド・チェン建設大臣、スマルノ・ジャカルタ市長、シワベシ博士、ドクター・シャリフ・タエブ厚生大臣列席のもとに執り行われ、私もスピーチを堂々とさせていただいた。

まるで平和を取り戻したようだった。日本から病院建設費の援助も獲得され、少し安心して私は翌一九六六年一月二日に、懸案だった日本とヨーロッパへの旅に出た。サリ・アシ病院建設のための視察旅行であった。

政治が大きく揺れているときに、何が大病院建設かと思われるかもしれないが、それは私にとってそれほど大事な計画であったし、またその旅行に出ているあいだに、大統領が取り返しのつかないような状況に陥るほど危機的だとは思ってもいなかったからである。大揺れに揺れながらも、大統領はまだその地位を確保しておられ、その終身大統領という神聖な地位は何人たりとも侵すことはできないかのように私は思っていた。

しかし、インドネシアの若手歴史研究者ユアンダザラが書いた『デヴィ伝記』によれば、デヴィをこのとき海外へ行かせることは、スバンドリオ外相の策略だったという。彼はなんとか大統領を国軍から引き離そうとしていたが、私が大統領と軍との仲を取り持とうとしているので邪魔だったのだと述べている。さらに彼は外相という地位を利用して、行った先々の国にいる自分の部下にデヴィの帰国を引き延ばすよう命令していたという。

そういう時期に、あえて私が国をあけるほど重要だった救急病院建設計画というのは、次のようなものである。

その頃ジャカルタは人口四百万の大都市でありながら、いまだに近代的な救急施設を備えた病院はなかった。オランダ時代からのカソリック系のセント・カルロス病院と、これまたオランダ時代の市民病院の後身である国立インドネシア大学医学部付属のチプト・マングンクスモ病院以外には、ほとんど病院らしい病院はなかった。

大統領がスディルマン通りのセマンギ立体交差点近くのジャカルタ警視庁（コムダック）の隣に、病院建設のために広い土地を買ってくださっていた。

最初はさして大きくなかったが、だんだん買い足していった。私は大病院建設のためにサリ・アシという財団を設立し、私が理事長になり、シワベシ博士、厚生大臣のシャリフ・タエブ氏や、PTプンバングナン・プルマハン建設会社社長から建設大臣となったデヴィッド・チェン氏、さらに大統領と懇意だったドクター・スハルトが理事に参加して、準備を進めていた。大統領がその土地を私にくださり、私は理事長だったために、その土地を財団に提供したのだ。すぐには病院の建設を開始したわけではないので、その土地の一部を日本インドネシア協会のオフィスや、そこが経営する日本語学院に貸してあげたりしていた。

建設自体は鹿島建設により設計の青写真もできていて、先に述べたように、すでに一九六五年の十二月十日には、大統領とともに定礎式を終えていた。

以前から、賠償の一部をこの資金に回していただけないかと日本政府にお願いしていたところ、懇意であった川島正次郎氏や日本医師会会長の武見太郎氏らのお力添えで、病院建設のための日本の円クレジットがつくことになって、いよいよ実現しそうになってきた。それで私はインドネシアの政治的情勢不安の真っただなかで、シャリフ・タエブ厚生大臣たちとともに一月二日にジャカルタを出発して日本へ向かったのである。それは、スカルノ政権はまだ安泰ですよと見せる私のジェスチャーでもあった。

佐藤栄作首相にも会い、三百三十万ドルのクレジットを得て、首相、鹿島建設社長の鹿島守之助氏、日本インドネシア友好協会会長とのあいだに病院建設の契約も結んだ（一九六五年四月、バンドン会議十周年の際に川島氏がジャカルタに来たとき大統領と話し合い、三千七百万ドルの借款をインドネシアに供与し、そのうち三百三十五万ドルを病院建設に充てるという約束ができていた）。また武見太郎先生の紹介で、脳外科の先生方から指導やアドバイスを受けたりした。

そしてその足でドイツとイギリスへ飛んで、病院の視察や医療機器の買い付けなどをした。買えるものなら日本で揃えたかったのだが、当時は最新の医療機器を購入するにはヨーロッパに行かねばならなかった。イタリア、フランスなどもまわり、最後にスイスで息抜きのスキーを楽しんだ後ジュネーブへ行った。

ジュネーブのホテルで宿泊客が読んでいた『ヘラルド・トリビューン』紙に「スカルノ大統領、

ナスティオン将軍を解任」という見出しが目に入り、「これは大変」と、慌てて帰国した。この内閣改造は二月二十一日のことであった。

そうやってジャカルタへ戻ったのが、三月二日だった。随行していた女性の一人、ベビー・フアエが病気となってしまったからだ。私は事態がこれ以上悪化するのを防ぐため奔走しようと心に決めていた。世の中の状況が変化しつつあるのに、大統領はそれを理解せず、あくまで独立運動を支えてくれた共産党を擁護し、ナサコム体制の維持をうたっていた。

スカルノは知っていたのだ。六将軍を殺害したのは共産党ではなく、彼らに罪をきせて殺戮を繰り返しているのは陸軍であることを。

私が二カ月もインドネシアをあけていたことが、スカルノ大統領にきわめて不利な影響をもたらしてしまった。それまでは私がナスティオン夫人とひそかに通じ、スハルト将軍下の陸軍と大統領のあいだを取り持とうと努力していたことで、何とか緊張を和らげることができていた。また、大統領がスバンドリオ外相とハルティニ夫人の影響を受けて極端に共産党に偏らないようにブレーキをかけることもできた。それが二カ月間もいなくなってしまったのは致命的なことだったのだ。

国軍率先の学生暴動はとどまるところを知らなかった。三月八日には外務省が、九日には中国大使館がデモ隊に襲撃され、火をかけられた。

「スープル・スマル」、スハルトへの権力移譲

そして三月十一日、ついに大統領宮殿が不審な部隊に取り囲まれていると、副官のバンバン・ウィジャナルコが閣議の最中だった大統領に報告に来た。すでにこのとき、バンバン・ウィジャナルコは大統領を裏切って陸軍の手引きをしていた。彼は後に陸軍に頼まれ、大統領に疑いがかかるような不利な証言をし、その見返りにスラバヤの海軍基地のよい役職を手にした。スカルノ大統領のまわりの人間が全て投獄されていたときにである。

一九八〇年代のある日、私はメガワティと二人で大統領のお墓参りのため、ブリタルに一緒に行き、車に乗っていたとき彼女が、

「バンバン・ウィジャナルコが裏切ったからよね」

と言い私を驚かせた。あの頃少女だった彼女はきっと彼女なりに一生懸命「真実」を知ろうと努力したに違いない。

しかし自身が大統領になると、政務に没頭してか、この問題を追及するのを控えてしまった。

大統領はスバンドリオ外相やレイメナ副首相とともにヘリコプターでボゴールへ逃げたが、そのボゴール宮殿にスハルト将軍の意を受けた三人の将軍がやってきて、大統領に、治安維持の権限をスハルト将軍に移譲するよう迫った。このときピストルで威嚇されていたという噂もある。

ともかく有無を言わさない状況のなかで、大統領は「治安を維持し、空気を鎮め、革命を継続

するために必要なあらゆる措置を取ることをスハルト陸相に命ず」という内容の書類にサインさせられた。ちなみに、その日の朝のジャカルタでの閣議に、陸軍大臣であったスハルトは出席していなかった。

実際には治安維持の権限だけを移譲したのだった。私はあの段階で事態を収拾できるのはスハルト以外にはいないだろうと思っていたので、そのときにはさして大変なことが起こったのだという実感はなかった。

しかしじつはその瞬間からスハルト将軍は、あたかもすべての権限を移譲されたかのように権力を行使し始めたのである。つまりこれこそ無血クーデターであった。現に三月十一日という日が、スハルト政権にとってきわめて重要な日であることは、スハルト大統領夫人の出身地ソロに「三月十一日大学」という大学が作られ、実質的にスハルトが政権を握ったこの日を記念していることからもわかるだろう。

このとき大統領がサインした文書は「スープル・スマル（Surat Perintah Sebelas Maret＝三月十一日命令書）」と言われ、スハルトにとっては錦の御旗になっていたのだが、そのオリジナルは行方不明だということで、後日スハルト政権崩壊後に問題になったこともある。

その翌日、三月十二日、彼は共産党の非合法化を宣言し、共産系と見られていたスバンドリオ外相兼副首相など数人の閣僚を逮捕、彼らは次々と裁判にかけられ死刑を宣告されていった。また全国で堂々と共産党員の殺害や逮捕を繰り広げた。それまでにも殺戮は行われていたが、これらはあくまで民衆が「自発的に」やったという形が取られていた。しかしこれ以後は、共産主義者は悪であり、社会主義的な思想をもっていたというだけで逮捕の対象となった。しかし実際には、源平合戦のごとく、親スカルノ派とみなされた人は誰かれかまわず「赤狩り」にあい、殺害されていったのであった。

殺戮を止められない大統領を見て、もはや大統領は権力を喪失しているのだと私は悟った。大統領は自分の閣僚が逮捕されるのすら止めることができなかった。スバンドリオ外相を一時、官邸の敷地内にあるゲストハウスに匿っておられたが、その彼が連行されるのさえ止められなかったのである。

不思議なのは、その頃、国連が大虐殺に対して何の制裁措置も取らなかったということである。確かにインドネシアは国連を脱退した状態であったが、それでも国連は人道的な観点から介入して然るべきであった。あのときは何十万人という人が殺戮されていったのに、世界はほとんど騒がなかった。国連はやはりアメリカの息がかかっていたためであろうか。国際社会は誰もそれを止めようとはしなかったのである。

それでも何とか溝を埋めようとして私は、三月十四日にヤニ将軍の未亡人宅で「共産党の解散を記念して」という口実で、虐殺された将軍の奥様方を集めて慰安パーティーを開いた。ヤニ将軍の未亡人は、将軍夫人たちのなかで私が最初に友人となった方である。不幸にも、将軍虐殺の晩に彼女は家にいなかった。噂では、ヤニ将軍が若い女性を妻としていたことを知り、その夜、家を出てしまったというのだ。彼女の留守に起こったこの悲劇に、私は同情を抑えきれず、悲しみに彼女とだきあって泣いた。ヤニ将軍はスカルノ大統領の信任厚い国防相であった。その彼が何の間違いで殺害されたのか、まったくわからなかった。

三月十七日には、スハルト将軍をヤソオ宮殿に招待し、さらに三月二十日には大統領とスハルト将軍とのあいだを取り持とうと、スハルトとゴルフをしたりしたが、彼はその場に親友である政商ボブ・ハッサンを伴ってきた。そのときの会話から、スハルトはすでにスカルノの政治生命は終わったと判断しているようだった。そして彼は私に、大統領に海外に行き休息することを勧めるように言った。そのとき私は、夫と私は負けたのだということを悟った。

奇妙なことに、そのような対立の時代に、私は学生たちから自分たちの味方だと思われていたふしがある。何かの誤解だと思うが、「イヴ・デヴィから」と書かれた炊き出しのカンパをもらったと信じている学生たちが多くいたことを、ケイコ・アドナンさんから聞いたことがある。

齋藤鎮男大使の本に、「(大使が) 日本へ帰国しているあいだにデヴィ夫人が荷物持参でやってきて、日本大使館に身柄の安全を求めたが断った」という趣旨のことが書かれているそうだが、これはまったくの嘘である。高価なドレスを何着か預けようとしたことはあったが、身の安全を求めるなど、失笑してしまう。

一九六六年の五月頃だったと思うが、陸軍の過激な反スカルノ派たち、または暴徒が、いつなんどきヤソオ宮殿を襲うことがあるかもしれないという不穏な状況にあったので、私はもしものときのことを考えて身辺整理を始めていた。イタリアのムチ・ファルコーニ男爵大使夫妻には持ち金のすべてを箱に詰めて渡し、シンガポールへ行くことがあったらもって行ってくださいと頼んだ。大統領の手紙などの重要な書類はフランスのギィ・ドルジュ大使夫妻に預けた。彼らはシンガポールではなくバンコックへ持って行くということだった。スウェーデンのハラルド・エデルスタム大使にはスーツケース七つくらいの荷物を預けた。彼はその後何年かたってから、その荷物を日本まで届けてくださった。

そのとき、お金や書類などを預けて迷惑がかかってはいけないと思い、日本大使には差し障りのない高価なドレスをほんの数着預かっていただきたいと中野美瑛子がお願いしただけだ。そのとき、齋藤大使は留守で、しかも「そんなもの庭に捨てろ」と東京から命令されたとすっかり恐縮した料理人ご夫婦から聞いてビックリしたくらいなのである。

日本政府、スカルノを切る

スハルトは一九六六年三月十一日に実権を握ると、共産党撲滅に次いで、さまざまな新しい経済政策を打ち出した。

外国からの援助に依存すると新植民地主義を容認することになってしまうと恐れ、「自分の足で立とう」と訴えつづけ、外国からの援助を最小限に抑えていたスカルノ大統領とは対照的に、スハルトは大量の外国援助、外国資本の投資に対して門戸を開いた。マレーシアとも紛争を終結し、国連に復帰して西側諸国との友好関係も復活した。

それを見越して西側の先進諸国から援助の申し出があいついだが、そのなかで真っ先に手を上げたのは日本だった。日本政府はかなり早い段階からスカルノ政権を見限っていたのである。『国境を越えた友情――わが外交秘話』という甲斐文比古元駐マレーシア大使の著書によれば、マレーシア紛争のとき、日本の川島正次郎自民党副総裁が先頭になって和平のためにスカルノ―ラーマン（マレーシア首相）会談を東京でやろうと動いていた。するとインドネシア軍部からラーマン首相に密使が来て、「仲介工作にのらないでほしい。それよりも我々インドネシア軍部が決起するので、もう少し待ってほしい。そうすればスカルノ体制は一掃される」と伝えてきた。ラーマン首相は甲斐大使に、このメッセージを佐藤首相に直接伝えさせたことが綴られている。

ラーマン首相はこのことをイギリス外務省にも伝え、イギリス、オーストラリア、英連邦はこの情報を共有していたという。つまり「将軍評議会」が存在したのは事実なのであった。スハルト少将に制圧されたウントンたちはなぜ英雄になれなかったのか。ウントン中佐たちを陰で動かしたのはスハルト少将自身だったのではないのか。一人で英雄になってスカルノに認められようとしたがスカルノの拒絶にあい、反旗をひるがえしたということなのか。

この甲斐大使の著書のことを知ったとき、あることを私は思い出していた。パリにいたとき、ロンドンに滞在中のラーマン首相から、会いたいと人を介して執拗に言われたことがあった。マレーシア紛争では相反した、立場の違うスカルノの妻に会いたいとは何事かと思い、私はロンドンへの招待を断った。いま思えば、あのときラーマン首相は私に何を伝えたかったのだろう。

齋藤鎮男大使の手記によれば、それは一九六五年十一月十五日のことである。報告のために一時帰国していた齋藤大使は、任地に戻って間もなく十一日にスカルノに会ったが、そのときスカルノは、CIAが一億五千万ルピアをインドネシア人に与えて、アメリカの宣伝工作をやらせようとしていたという話をしたそうだ。

そのことを取り上げて彼は、「スカルノほどの老齢名政治家に、今吹いている風の方向が分からないのか、とその思いを深く」し、「自分の気持ちがスカルノの政策をこれ以上弁護できなくなった、彼の政策が彼の翻意でもいい、彼は（とにかく）変わったほうがよいと思い出したのはその時からである」と述べている。

日本軍政時代からスカルノを知り、その「親友」を自任してきた齋藤大使の、「親友」への決別だったのだという。

そもそも齋藤大使は戦争中、外務省から陸軍省に出向という形で占領地のジャワへ来て、軍政監部で働いていたことがある。そしてそのときに、当時はまだ一民族指導者だったスカルノとは面識があったらしい。そうした昔のよしみで心が通じ合えるだろうということで、外務省としては期待して送り込んだ大使だったと思う。ただし残念ながら、スカルノ大統領は戦時中の齋藤鎮男氏についてあまり記憶がなかったようである。

彼は一九六四年にジャカルタに赴任し、私にも接近してきた。日本の外務省が私を最大限にこき使った時代である。齋藤大使は大統領官邸のエイド・ド・キャンプ（副官）を通さずに、私のところへ直接しかも頻繁にやって来た。大統領の身辺、そして政情の収集や、アポイント取りなどもすべて私を通じて……。そうやって、他の国の大使よりも優先的に大統領に近づいておられた。

しかし、その齋藤大使が最後に「日本はスカルノを捨てるべきだ」という趣旨の報告を十一月十五日に本省に送り、それによって外務省は方針を一八〇度転換したのであった。

そのような大使の報告にもとづいてのことでもあろう。佐藤栄作首相が、かなり早い段階でスカルノ大統領を見限り、日本政府はスハルト派への援助を決めたのだった。

まだスハルトが権限を掌握する前の段階で、すでに佐藤首相は日本大使を通じて、六百万円ものポケットマネーをスハルト側に渡し、さらに打倒スカルノに使うよう、当時の学生運動のリーダーで、その後インドネシア有数の実業家になった華人系のソフィアン・ワナンディを通じて、暴徒化した学生たちにも資金として渡っていった。

この話は当時の公使から後になって伺った。大鷹正氏は山口淑子さんのご主人大鷹弘氏の双子の兄弟である（後に私がジュネーブに滞在していたとき、山口淑子さんのご主人がジュネーブの領事をしておられ、私はしばしばお二人と一緒にマージャンをするような仲だった）。久しぶりにパリで会った大鷹公使は、すでに大統領も亡くなり、もう話してもよいと思われたのか、打ち明けてくださったのだ。
金で雇われた大勢の人間が、学生の制服を支給され、食事をまかなわれ、日当をもらって、学生運動と称して暴徒と化し、街中で殺人を犯したり、火を放ったりする行為をファイナンスしていた人が、なぜノーベル平和賞をもらったのか。不条理なことである。

齋藤大使は、アメリカのマーシャル・グリーン大使とも親しかった。グリーン大使は、彼が行く先々の国でクーデターが起こり、政府が転覆したことから、CIAの回し者ではないかと言われていた人である。ゆえにスバンドリオ外相は、駐インドネシア・アメリカ大使の信任状を受理するのをやめるよう大統領に進言していた。大統領も迷ったが、「恐れていると敵に思われたくない」と言って受けてしまったという経緯があった。そのグリーン大使と齋藤大使はとても親しくしていたのだ。インドネシアでスハルト政権が揺るぎないものになった後、この両大使はオーストラリア大使としての任命を受け、キャンベラで再び会うことになるのは偶然すぎるというものである。

いずれにせよ、日本は一八〇度政策転換をして、スカルノを切り捨てたのだ。私は日本政府だけは絶対にスカルノを守ってくれるものと信じていたので、その失望は大きかった。
日本政府は生まれたばかりのスハルト政権に百四十二億円の寄付を出した。オランダは百六十二億円相当の寄付を行い、アメリカ、イギリス、オーストラリア、カナダ、ドイツ、フランスなどからは降るようにお金が落ちてきた。しかしそれらは、スハルト政権に参画している人々だけに富をもたらし、貧富の差はさらに大きくなっていった。

そして、日本がイニシアティブをとってインドネシア債権国会議を組織し、既存の債権を棒引きにしたうえで、お互いに調整しながら、新たな経済援助を出すことを話し合ったのだった。

第5章

出産

日本行きの大統領命令

緊張の日々が続き、地方では殺戮が繰り返され広がっていたが、首都ジャカルタでは穏やかさを見せるときもあり、そんなとき私は、マーシャル・グリーン米大使の公邸で、ジャックとジュディ・ライドマン公使夫妻を交えてテニスをし、ブリッジをしながら情勢を見定めようとしていた。

一九六六年（昭和四十一年）のある日、大使夫妻とテニスを楽しんでいたとき、突然心臓がバクバクしてきて、立っていられなくなった。大統領の主治医であった華人系のドクター・タンに診察してもらったところ、妊娠しているということであった。大統領のもとへ来てからすでに七年、望んでも恵まれなかった子宝に突然恵まれたのだ。

その頃インドネシアで一番いい病院は、セント・カルロスというオランダ時代からあるカソリック系の病院だったが、セキュリティの観点から言っても私が妊娠したことは世間に知られないほうがよいということで、専門の産婦人科医に診てもらうことなく、ただ主治医のドクター・タンの診察を受けるだけだった。

私は当時、陸軍寄りの思想だったせいか、陸軍は協力的であった。マルトノ氏のおかげで学生からはシンパとみられて好意をもたれていたため（前に述べたように、私の名でお米が配られていたことがあった）、デモで渦巻く巷に出ていっても襲われることはないだろうと思っていた。しかし、インドネシア人は秘密が守れず口が軽いので、すぐに知れ渡ってしまうだろうから、警戒するに越したことはなかった。

余談になるが、世間に公表していなかったこの妊娠を真っ先に知ったのは、私のデザイナーをしてくださっていた森英恵さんだった。ジャカルタからサイズをつけて新しい衣装を注文したところ、そのサイズを見てこれはおかしいと思われたそうだ。

妊娠六カ月になったとき、ドクター・タンが大統領に「私は産婦人科ではないので、これ以上は診ることができません」と訴え、大統領命令により、私は日本へ行って診察を受けることになった。

こんな混乱した時期に大統領を一人、ジャカルタに置いていくのは何としても避けたく、必死で抵抗したのだが、大統領はいつになく強硬で、最後は私も、では検診のため二週間のみと限って妥協せざるを得なくなった。ずっと後になってわかったことだが、私の妊娠をハルティニ夫人にどうしても知られたくなかったのであった。信じられないことだが、大統領はその頃まで私の存在をハルティニ夫人には否定しつづけておられたようだ。それゆえジャカルタで出産などしたら大変なことになったのである。

大統領の死後、彼女自身の口から聞いたところによると、後に大統領がボゴール宮殿からヤソオ宮殿に移られて、彼女がボゴールからときどき訪問することを許されていたある日、そこに何気なく置かれていた日本の週刊誌をパラパラと二人で見ていたとき、私と娘カリナの写真が出てきて、大統領はそのとき初めて、彼女にいままで嘘をついていて悪かった、「デヴィは私の妻であり、カルティカ（カリナのこと）は私の娘だ、デヴィとは妹のように仲良くしてくれ」と打ち明けたのだった。

そんなこととは知らない私は検査だけのつもりで、ドクター・タンと二人の警護官に付き添われて一九六六年十一月、日本へ向けて出発した。

羽田に到着した私は日本の外務省、インドネシア大使、すでに顔なじみであった警視庁からの警護官たちの出迎えを受けた。当時はまだ大統領夫人としての対応を受けていたのである。

慶応病院で診察の結果、この状態でインドネシアへ戻って出産するのは無理であるという医師の診断が出た。これはあらかじめ大統領側が医師に手を回して、そのようにしたのだと思う。結局私は日本に留まって出産することになった。ドクター・タンは二週間後に帰国し、警護官はずっと後まで付き添ってくれた。

大宅壮一氏との対談

等々力の家は私の留守中、ＣＴＣというインドネシアの国営会社の支店長宅として貸していたが、そこに私が入り、二人の使用人を引き継いだ。そのうちの一人、東條孝子という女性は、その後、私がパリへ亡命するようになったときも行動を共にしてくれたのだった。

日本到着を「待ってました」とばかりに、日本のマスコミは一斉に私に対するバッシングを展開した。等々力の家の前では、右翼が日本刀を振りかざして、「デヴィよ、日本から出て行け」と叫び、家の前の電柱という電柱に私を攻撃するビラが貼られた。スカルノ大統領が容共派だということでの反対もあったと思うが、週刊誌による度重なる私に対する誹謗中傷記事によって作られた既成概念によって、私にものすごい憎しみをぶつけてきたのである。

お手伝いさんが肉を買いに行くと、「お宅には売れないよ」と言われて、びっくり仰天して帰ってきたこともあった。

しかし私は耐えた。「いまに見ておれ、真実が勝つ」

マスコミのバッシングは、私をいやがおうにも強くしていった。

論壇で、私に対して最も激しい攻撃を展開していた一人は大宅壮一氏である。文藝春秋から堤堯という東大出の若い編集者が、ぜひ対談してほしいと言ってきて、毒食らわば皿までという気持ちで応じたのだが、お腹が破裂して嬰児が出てしまうのではないかと思うほどの大口論になった。

じつは大宅氏は戦争中、軍の宣伝班員として日本軍占領下のジャワへ行っていた。同じく宣伝班員として行っていた清水斉氏に聞いた話なのだが、そのとき大宅氏は忙しいスカルノに会ってもらえなかったのか、それとも無視されたと誤解してか、何かひどく恨みを抱いていたと聞いている。大統領の方は覚えてもいないのだが、本人はそのことを根に持っていたようだ。

こういうことは歴史上よくあることである。たとえば、ドゴール大統領が戦争中イギリスに亡命し「亡命政府」を樹立したとき、イギリスに大変冷遇されたので、その後もずっと反英国であり、そのためイギリスは欧州共同体の一国になれなかったというような話である。

また、トルーマン大統領とマッカーサー元帥とのあいだの葛藤にも面白い話が残っている。朝鮮戦争をどうするかで太平洋の中間地点ミッドウェイ島での会談となったとき、両雄が同時に着陸する際、先に降りた方が相手を待つことになるため、両機は空中で旋回すること数十分、結局マッカーサー元帥の方が折れて先に着陸し、トルーマン大統領の到着を待つことになった。それがもとで葛藤が生じたという。

また独立後、インドネシアはオランダのランス外務大臣から執拗に嗜虐外交を展開され、オランダと友好外交を築きたいと思っていたスカルノの思いはことごとく打ち砕かれた。それはランス外務大臣が公用でオーストラリアに向かう途中、ジャカルタに立ち寄ったのだが、このときすでに大統領であったスカルノは、儀典上、ランス氏のカウンターパートであるインドネシアの外務大臣をエアポートに送り、出迎えさせた。ランス氏は元植民地の大統領が来るべきだと怒り、その日から打倒スカルノになったのであった。

大宅氏はかなり以前から、反スカルノ派の日本人たちと親しかったようである。たとえば、新橋のレストラン「インドネシア・ラヤ」を経営している中島慎三郎氏たちである。彼らは、スマトラ反乱のときは、ナシールなどマシュミ党系の反乱派を支援して暗躍していた。情報センターをもち、さまざまな反スカルノ情報を流し、スカルノの足を引っ張ることなら何でもした人たちである。だから私は日本へ行ったとき、あのレストランの前を通るのも忌まわしかった。

大宅氏はメディアに大きな影響力を持っている人であるから、この一派は『週刊新潮』『週刊文春』などを使って毒をもった反スカルノ、反デヴィ報道を展開した。とくに『週刊新潮』がひどかった。これがわが社の方針だと言わんばかりに、私を誹謗中傷した記事ばかりを四十年近く書き続けた。出されるもの出されるもの、すべてがひどかった。

あの頃の週刊誌の記者の質はひどかった。しかも汚い記事を書くと、よけい売れるのだ。他人の不幸は蜜の味というが、人は心の中に妬みを隠し、他人の不幸を喜ぶ傾向がある。

出産で日本に戻っていた頃の攻撃はとりわけ凄まじく、ひどいときには一カ月で六十回も悪質な記事を書かれたことがある。暗闇で後ろから辻斬りにあったような気持ちだった。いまのようにブログもないときだったから反論もできなかった。

草柳大蔵、藤原弘達、梶山季之……。大宅壮一の一門全部がそれに加担していた。梶山季之氏が書いた『生贄』という小説は、仮名を使ってはいたが明らかに私のこととわかる内容で、私は告訴し、当然勝訴となった。母が生きていた頃、彼女はそういう週刊誌の記事でどれほど傷つき心を痛めたことか計り知れない。母が病気に陥ったのも無理はない。

大宅氏との対談は、私の等々力の家で行われた。大宅氏は「あの女、懲《こ》らしめてやる」と息巻いていたそうであるが、対談が終わって帰るときには、何やらとても感心して「思っていた女性と全然違う」と言い、その後、呼び方も「あの女」から「デヴィ夫人」になったそうだ。

「星の精」の誕生

一九六七年三月七日に、娘カリナが誕生した。大統領がつけてくださった名前は「カルティカ・サリ（星の精）」だったが、その名前は日本の人には発音しにくいので、「カル」の最初の部分だけをとってカリナと呼ぶことにした。大統領は、男の子だったらファジャール・マルタ（暁の嵐）、女の子だったらカルティカ・サリ（星の精）と決めておられたのだ。

大統領は最初から宇宙の自然現象にまつわる名前を子供たちにつけておられた。

ファトマワティの子供は、長男のグントールは「雷光」という意味。次男のグルは「雷鳴」。メガワティは「雨雲」、ラッハマワティが「天恵」、スクマワティが「霊気」。ハルティニの息子タウファンが「台風」、バユが「洪水」を意味する。

私と共にインドネシアからきた護衛官とインドネシア大使館のブッサール医師によって、大統領の子としての出生証明書が大使館で作成された。

運命は皮肉にも、カリナが生まれたその日にインドネシアでは暫定国民審議会（ＭＰＲＳ）が開催され、そこでスカルノ大統領は終身大統領としての地位を剝奪され、ただの大統領になった。しかもスハルト将軍が大統領代行となり、もはやスカルノ大統領は隠居状態も同然にされてしまったのだ。

いつの頃か知らぬが、カリナ誕生について、まったくお話にならない噂が巷に広まっていたそうで、驚いてしまった。その噂というのは、カリナは、一九七一年から一九八〇年までパキスタンの首相をつとめたズルフィカル・アリ・ブット（二〇〇七年に暗殺されたベナジル・ブット首相の父）の子供だという話である。なぜこのようなストーリーが出るのか、本当に理解に苦しむ。

私がスカルノ大統領のお供をしてパキスタンを訪ねた一九六一年頃、アユブ・カーン大統領のもと、まだ外務大臣であったブットご夫妻とお会いした。その後ブット氏はスカルノを非常に敬慕し、二人の関係は師弟のような関係に発展していった。彼はスカルノの演説にも注目し、こと細かく学んでいた。

インドネシアであの忌まわしい九・三〇事件が起こった後、ご自分の政治的未来を相談するため、スカルノ大統領をお見舞いがてらインドネシアにやって来られたのを覚えている。一九六六年三月のスープル・スマル（スカルノからスハルトへの治安権力移譲）のあとだったと思う。

ブット氏は、後任のヤヤ・カーン大統領と決別して、民族主義的な路線のパキスタン人民党

（パキスタン・ピープルズ・パーティー＝ＰＰＰ）を立ち上げて選挙に出たいというので、スカルノ大統領に援助をお願いに来られたのだ。あのときスカルノ大統領は二十万ドルという政治資金を援助なさることに決め、私がその受け渡しをした。つまり、大統領から二十万ドル預かって、それをブット氏が夜、ヤソオ宮殿へ受け取りに来られたのである。スカルノ大統領がいないところで、私がブット氏とひそかに会ったので、そういう噂が立ったのかもしれない。

その後ブット氏は、この資金を元にＰＰＰを立ちあげ、首相の座をつかんだ。

第三勢力の指導者たちを援助

スカルノ大統領は、自由を求め、完全に独立を果たしたいという外国の指導者にはどんどん援助していった。インドとパキスタンのあいだに紛争が起こったとき、パキスタンに戦闘機や軍艦を送り、「どうぞ自由にお使いください」といった調子だった。コンゴやキューバ、アルジェリアにも数百名の兵士を送り、支援したこともある。

ブット氏への支援金は恐らく「革命資金」から出したのだろう。革命資金はそんなふうに第三勢力――スカルノ大統領はソ連とアメリカのパワーのバランスをとる『サード・フォース』という呼び方をしておられた――のリーダーたちを援助するためにも使われた。

スカルノ大統領はとくにアフリカのリーダーたちのことを気にかけて、たとえばギニアのセクー・トーレ大統領にも援助しておられた。独立の志士のような方々にはとても心をかけておられたのだ。コンゴのルムンバが暗殺されたときには、「CIAに殺された」と言ってひどく嘆いておられた。

アフリカではないが、チェ・ゲバラ氏のこともしばしば口にしておられた。ほかにはユーゴスラビアのチトー大統領、エジプトのナセル大統領、インドのネルー首相、キューバのカストロ首相、カンボジアのシアヌーク元首、中国の毛沢東主席、劉少奇氏、周恩来首相などと親しかった。ベトナムのホーチミン大統領のことも褒め称え、「ナパーム弾が最後の椰子の木を焼き尽くしても、アメリカに屈しないだろう」と言っていた。

しかし大統領と親しかった方々の多くは、ことごとくCIAに倒された。アルジェリアのベン・ベラ大統領、ガーナのエンクルマ大統領、カンボジアのシアヌーク元首。チリの大統領アジェンデが倒されたクーデターのとき兵士たちが交わした暗号は「ジャカルタ」だったそうだ。順番が決まっていたのではないかと思う。ベン・ベラ、スカルノ、エンクルマ、シアヌーク国王、イラン・パーレビ国王、フィリピンのマルコス大統領……。いまだに紛争が続いているアフガニスタン、イラク、アフリカ諸国。アメリカに反撃して勝ったキューバに、アメリカはいまだに経済制裁を加えている。忘れてはならないのは、アメリカの武力関与があった朝鮮半島とベトナムだ。

大統領は好んで政治の話を毎日のように私としていた。ときには私に教え、ときには私の本質的な意見を望んでいらした。私は大統領との生活を通して同志のような気持ちになっていった。

大統領の高い理念を実現させ、世の中を変えなくてはと切実に思っていた。

打ち砕かれた誇り

カリナが生まれて二カ月もしたら、私はカリナを連れてインドネシアに帰れるものだと固く信じていた。その頃は大使館を通して大統領と電報を送り合うことができた。それが唯一のコミュニケーションであった。相変わらず電話は使えなかった。

私はつらかった。この情況下で、ひとりで子供を産むことすら悲しいのに、さらにその悲しみを深くしたのは、日本の週刊誌によって、いやでも知らされた大統領の愛人たちの存在だった。

ある日、美容家のアミール・ハッサンさんがヤソオ宮殿に来て、涙ながらに謝ったあのことが思い起こされる。

宮殿の日本間に向かい合った私に「ごめんなさい、あなたと友人でありながら、ユリケさんとも親しくなって」

「ユリケさんて、誰?」

「パパの……」

頭から大統領を信じていた私は、

「あり得ないわよ、そんなこと。彼女はきっと違うわよ、あなたの思い違いよ」

と言うと、彼女は困惑したような表情を見せたのだ。

同じくある日、古内広雄大使がヤソオ宮殿に来られ「(ヤソオ宮殿のある)スリピ通りの反対側に住んでいる女性のことを知りませんか」と聞いてこられた。

私は「知りません」と答え、ついでにその女性が誰のことか聞こうとしたが、大使が困るだろうと瞬間的に動物的本能が働いて、聞かなかった。

大使は何を言いたかったのだろうか。

そしてある夜、私は秘書の中野と二人で大統領がお見えになる頃、びっくりさせてあげましょうということで、セマンギの交差点の手前で待っていたところ、官邸から来るはずの大統領が、スリピの方から真っすぐ来られ、不思議に思ったことが思い出される。

日本の週刊誌は残酷であった。ファトマワティ、ハルティニ、そしてハルヤティ、ユリケ・サンガの写真付きで、落ちたスカルノに追い討ちをかけるように、醜い誹謗記事でくる日もくる日も埋まっていた。

耳で聞く噂は打ち消そうと心が働くが、目で見る写真は無残にも疑う余地なく証拠として心に迫ってきた。しかもハルヤティとは、私が母と弟の死にあい、日本で打ちひしがれている頃から始まったと知ったときは、許せないと思った。私はバスルームに行き、バスタブの蛇口をいっぱいに開けてお湯を出し、もうもうとした湯けむりの中、家人に聞かれないよう大声を出して泣いた。タイルをたたき、泣き飽きるまで泣いた。

私の誇りは打ち砕かれた。

どんな悲劇にも、どんな苦労にも、どんな侮辱にも、どんな危険にも耐えられたのは、大統領の愛があったからだった。私には大統領の愛だけが私の誇りであった。つまり私が彼の、世界で随一の、そして最後の女性だという誇り。

私は生き甲斐を失った。

そのうえ、生まれたカリナを抱いて帰り、夢見ていた父子三人の暮らしは実現しなかったのだ。帰国を急《せ》いている私に大統領から、「いまはまだ情勢が許さない、安全な日本に留まるように」と連絡があった。

私はあっけにとられる半面、あまりに大統領を信じていたために、あり得ないことだとは思ったが、不安が広がっていった。

護衛の二人は国を出てすでに半年近く、家族にも会いたいであろう。いつまでこの状態が続くかわからないため、出産のため再来日していたドクター・タンと一緒に帰国させた。

一人になった二十七歳の私には、すべてが空しく思えた。大統領の愛人たちの存在は、私を奈落の底に突き落としていた。母と弟を犠牲にしてまで尽くしたのに、という気持ちがあった。それが、むくむくと私のなかで頭をもたげ広がっていった。大統領の嘘が信じられなかった。よくぞ騙してくれたかと思った。私のプライドはずたずたにされ、彼を恨んだ。大統領の深い愛に包まれ、疑う余地などまったくなかったのだ。

しかしこれが現実なのだ。なぜ、なぜと思った。

私は人が違ったように遊び始め、毎日のように豪華な宴会やパーティーを開いた。丸山明宏さんと出来たばかりのマキシムでお食事したり、浪花千栄子さんの別荘へ行ったり、宮城千賀子さんたちと麻雀をしたり、淡路恵子さんと飲んだり、パーティーには宝田明さん、布施明さん、二谷英明さん方々を招き、勝新太郎さん、松方弘樹さん、本郷功次郎さんたちと京都で遊び、田宮二郎さんとデイトを重ね、高橋英樹さんとラテン・クォーターで踊り、津川雅彦さんとはロマンスに落ちた。

私の宴には多くの方を招いた。石坂浩二さん、池部良さんなど、いまは懐かしい思い出として残っている。津川雅彦さんは、打ち砕かれた私の心を明るく照らしてくださった。彼と一緒にいると、私はすべてを忘れることができ、心が弾んだ。彼は日本の男性が持つ素晴らしい素質を豊かに持つ紳士であり、私は彼に優しく守られていた。隅田川の花火大会で会った十八歳のときから友達だったファンファン（岡田真澄さん）とは、時代を通して亡くなるまで最良の友だった。

迫る落日

その頃ジャカルタでは、すべてが大統領にとって最悪の状態になっていった。

全国民が怒り狂った将軍虐殺の首謀者たちは、何とスカルノ大統領のチャクラビラワという親衛隊であった。実際にはチャクラビラワの三人の首謀者たちはすべて、かつてスハルト将軍の部下であり、子分であったのだが、その当時はそれが明るみに出ることはなかった。そのため国民に、この将軍虐殺を大統領は事前に知っていたのではないかという疑いをもたれてしまったのである。

しかも大統領は、全国民の憎しみの的と化し濡れ衣を着せられた共産党を、独立戦争のときに一心同体となって闘争してくれた彼らを確たる証拠もなしに解散させることはできないと共産党解散を拒否した。

「将軍虐殺は本当に彼らがしたことなのか、真実を究めることが先だ」と言い、もし本当に彼らに罪があるなら、非合法化しようと言ってなかなか腰をあげなかった。

国民の不満はどんどんふくれあがり、軍の戦略もあって、そんな大統領に対して人々は失望し始めていた。

第6章　スカルノの死

亡命者に寛容な国へ

娘のカリナが、ようやく飛行機の旅に耐えられるようになった一九六七年九月、悲劇のどん底にいる私にここまで冷たくする祖国をあとにして、二度と日本の地を踏むまいと決心し、カリナのゴッドマザーでもある、『スカルノ自伝』の筆者のシンディ・アダムス女史をニューヨークに訪ね、その後パリに向かった。

私が日本にいる間、スカルノ大統領が亡命してくるのではないかと毎日毎日記者たちに見張られ、メディアのバッシングはとどまるところを知らなかった。

どこへ亡命しようかと考えたとき、自分たちが倒されたのはアメリカとイギリスと日本のせいだと思っていたため、政治的な流刑者に寛容なフランスを選んだ。フランス語を習っていたことは、ここでじつに役に立つことになった。フランスにはカリナのゴッドファーザーになったジャン・ド・ブモン伯爵をはじめ、ロスチャイルド男爵、アガ・カーン公など、大統領夫人としてスイスやパリに行ったとき、あるいは病院建設の準備のために、一九六六年にヨーロッパを回ったときに知り合った方たちもいた。

スカルノ大統領は「どうしてパリの方へ行くのか。自分のところからすごく遠くへ行ってしまうような気がする」というお手紙が来た。

東條孝子さんがカリナの乳母として同行してくれることとなった。この女性はなかなかの方で、お料理も天下一品だった。英語も多少でき、のちにカリナにお菓子づくりやピアノを教えることができるほどの素養もあった。離婚して、お嬢さんはアメリカに留学し、お一人だったので外国人の家政婦をしていたのだった。何かわけがあって「トウジョウ」と呼ばれるのを好まないようなので、東條の東をとって「アズマさん」と呼んでいた。後でわかったことだが、桐島洋子さんの伯母にあたり、パリで名を成した長谷川潔というエッチングの大家を伯父に持っていた。

パリのマンション、スイスのお城

パリの社交界は私をレッド・カーペットで迎えてくれた。私は水を得た魚のように泳ぎまわった。私にはマダム・ラ・プレジドンというタイトル、地位、財力、若さ、美貌、魅力が備わっていた。たちまちのうちに社交界の花となり、「東洋の真珠」と讃えられた。

パリに着いた当初はプラザ・アテネ・ホテルに泊まっていたが、半月ほどたった頃、家を探さなくてはならないということで、リュ・デ・ラ・ポンプというところにあった、ブモン伯爵のお母様のマンションを、伯爵が提供してくださった。大きなマンションだった。

そこに半年くらい住んだのち、ジャカルタの元フランス大使をしておられたジレ氏のお父様が所有しておられた、プラザ・アテネ・ホテルの前のマンションを買いませんかと勧められ、購入することになった。ホテルに泊まっていたとき、憧れて見ていたマンションだ。大使のお父様が亡くなってご家族が相続し、私に売ってくれたのである。大使のご兄弟の一人はゲランの重役をなさっていた方で、グラン・ブルジョワ（大ブルジョワ）のご一家だった。

当時は政変の真っただ中で、私の実名ではマンションが買えなかったので、ロスチャイルド家の弁護士に相談して、パナマのソシエテ・アナニウム・レジュンディオというペーパー・カンパニーの名義で買った。

パリへ行ったとき、私が所持していたパスポートは、インドネシアを出るときから持っていた外交官パスポートだった。ところがパリのインドネシア大使館にパスポートの更新に行くと、そのまま取り上げられそうになり、更新は許可されず、移動の自由も制約されてしまった。

その頃、後に一九七九年の革命で国を追われるイランのパーレビ国王の双子の妹君であるプリンセス・アシュラフと親しくしていたのだが、彼女がスイスの国連難民高等弁務官をしているシャイフディン・アガ・カーン公を紹介してくださり、彼に政治亡命者としての身分について相談するように言われた。

しかし、そのスイスへ行くにもパスポートがなくてはいけない。インドネシア大使館に懇願し、ようやく新しいパスポートを出してくれたが、それは外交官用ではなく公用旅券で、しかも有効期間はわずか三カ月だった。つまり三カ月ごとに私はインドネシア大使館に出頭して、新しいパスポートを申請しなければならなかったのだ。パリへ行った当時、すでに実権を握っていたスハルト政権は、そのようなやり方で、私をコントロールしつづけた。

インドネシア大使館の職員たちは、元大統領夫人としての敬意は払ってくれたが、今や私にとっては薄気味悪い存在だった。パリには心を許せるインドネシア人の友人は一人もいなかった。シャイフディン・アガ・カーン公は私を優しくもてなしてくださり、彼のベル・リーブ城へ遊びにいくのはとても楽しく幸せなことであった。結局、政治亡命者のステイタスは不要で、その頃の私は三カ月ごとに更新するパスポートを使って、パリとスイスの間を行ったり来たりして生活していた。

私の友人のバニー・コンフェルドが、ジュネーブの近くのフランス領に大きなお城を持っていた。彼はハイ・プロファイルで、男性なのにピンクのスーツを着たり、自宅に豹を飼ったり、自家用機を乗り回したり、まわりにバニー・ガールズのような女性を多数侍《はべ》らせたりして、ちょっとした有名人だった。

彼の結核で亡くなったガールフレンドは、かつてコパカバーナにいた女性で、彼女をよく知る私と石井摩耶さんともども、彼のお城に、カリナと乳母の東と四人でお世話になっていた。近くの山や広いお庭で乗馬を楽しんだりと、それは優雅な、素敵な時間を過ごせるお城で、色々な方がゲストとして泊まっておられた。私はそこへ一度、津川雅彦さんを招待し、一緒にユングフラウ・ヨッホなどへ旅行したこともあった。

ビクトル・ユーゴー幼稚園

カリナは、二歳になったとき、パリの名門のビクトル・ユーゴー幼稚園に入れた。小中高校まである名門だった。本当は四歳からの入園なのだが、一人でトイレに行けるならという条件で受け入れてもらえた。カリナは十カ月でおしめが取れた優秀な赤ちゃんだった。

初めての登園の日、どの父兄も子供を置いて教室を出て、曇りガラスと透明ガラスが格子のように交互にはめられたガラス窓越しに、別室から子供たちの様子を眺めるのだった。これまで二十四時間ずっと、私や東から離れたことがなかったカリナだから、どうなることかと心配だった。初めて両親から離されたどのお子さんも大仰に泣きわめいており、中には床に寝転がって、足をばたつかせて泣き叫んでいる子供もいた。カリナを見ると、肩をクックッと震わせながら、泣くのをこらえていた。私と東は思わず「わあ、やっぱり日本の子は違う」と感激した。民族の差はこんなところにも出るものかと思った。

この幼稚園が素晴らしいと思ったのは、ひとクラス二十人ほどの少人数教育だったことだ。先生は四人いたが、子供の間で優劣をつけず、どの子供も必ず何らかの点で賞をもらえるようになっていた。勉強や工作や絵を描くことだけではなく、お片づけ賞とか、友人への思いやり賞とか庭いじり賞とか、一人一人の良いところを見つけ出して賞をあげ、能力を引き出そうとしていた。すべての子供たち一人一人が賞をもらうため、コンプレックスを抱くことはなかった。

ボゴール幽閉

パリへ着いて半年たった一九六八年三月七日、カリナのちょうど一歳の誕生日に、大統領は国政の最高議決機関である暫定国民審議会（ＭＰＲＳ）で不信任決議をされて、大統領としての地位を剝奪された。すでに一年前に大統領としての実権を奪われていたが、スハルト将軍のやり方は巧みで、かつとても慎重だった。

彼は一挙に大統領をその地位から追い出すことはせず、一九六六年三月にまず実質的な治安の非常権限を奪っておいてから、一年後の一九六七年に自分が大統領代行になり、さらにその次のステップとして、一九六八年三月に開催したＭＰＲＳでスカルノ大統領の信任を問う手続きをとり、ここで不信任を決議したのである。これによって大統領はついにその職を追われることになった。

私はその悲しい知らせを異郷のパリで受け取った。

後にハルティニ夫人から聞いた話だが、大統領の身分を剝奪されると同時に、ボゴール宮殿にいたアラムシャという小男が来て、一時間以内に、荷物をパックしてボゴール宮殿を出るように大統領に迫ったそうだ。

大統領はボゴール宮殿を出て、バト・トリスにあるプライベートな家に移られた。そこは谷を見下ろす景色の良いところであったが、家はまだ出来上がっていなかった。

大統領はどんなに孤独だっただろうか。自分のまわりにはもう誰もいない。多くの部下たちは囚われの身。死刑を宣告された者もいる。ときには、むせび泣きなさったこともあったそうだ。

その話を聞いたとき、私の心臓はつきさされたように痛んだ。あの威厳そのものだった雄々しいスカルノ大統領が、凡人のように涙を流すなんて。私は侮辱に身が震え、あのチビで醜男のアラムシャを憎んだ。許せないと思った。これが建国の父に対してすることか。

スハルトは大統領になってからもスカルノに気が引けるのか、ジャカルタの官邸へもボゴールの宮殿にも入らず、チェンダナ通りにある自宅に住み続けた。スカルノの亡霊を恐れたのであろうか。

ボゴールはもともと世界一雨量の多いところだが、その新しい家は特に湿気が多く、大統領は身体を悪くされ、幽閉状態になってから、健康はどんどん悪くなっていったようである。

その頃バンドン工業大学で勉学中であった長女のメガワティは、退学して急遽ジャカルタへ戻った。宮殿を自宅として暮らしてきたスカルノの子供たちは、すでにその前年の八月に、四十八時間以内に宮殿を立ち去るように言われ、母の住むクバヨランバルの家に移ったそうだ。しかしそこはあまりにも手狭なので、近くに家を借りた。

後にメガワティから聞いた話によれば、子供たちが父に会うのにも、いちいち軍からの許可が必要だったようだ。それでも最初の頃は週に一度くらいは許可が出たようなのだが、やがて一カ月に一回、三カ月に一回というふうに間隔が長くなっていった。

数カ月で健康を害してしまったスカルノは、ジャカルタへ移ることを望み、次女のラッハマワティをスハルト大統領のもとに遣わし、願い出た。その要請は受け入れられ、一九六八年半ばにスカルノは私との思い出がつまったジャカルタのヤソオ宮殿に移された。ハルティニ夫人はボゴールから週に何回か通いで看護にあたることになった。

ジャカルタにいたメガワティたちとは近くなったのに、父親と自由に接触することは許されなかった。メガワティは、一体どのような法的根拠があって一家がこのような目にあわなければならなかったのか、一通の命令書も見たことはないし、そのことが今でも解せないと語ったことがある。

この頃、一九六八年にスカルノ大統領とファトマワティ夫人の間に生まれた長男グントールが結婚したが、そのときは元副大統領のハッタ氏がスカルノの代理として父親代わり（wail）をつとめた。メガワティは、空軍パイロットのスリンドロ・スプヤルソ中尉と結ばれ、母の住むクバヨランバルの邸宅で婚礼の宴をあげた。ラッハマワティは、一九六九年に幼馴染みと結婚したが、このことを伝えたとき、スカルノは涙を流したそうだ。弱った身体を押して結婚式に出席し、ファトマワティ夫人と久々に顔を合わせたという。三女のスクマワティもこの頃、ソロの芸術家と結婚し、新婚旅行でヨーロッパに来て、スイスに住んでいた私たちを訪ねてくれたことがあった。

ハルティニ夫人の影

ヤソオ宮殿に幽閉されている頃、大統領への尋問が始まったようだった。いったい何の罪を着せられていたのだ！

尋問はニグラリ大佐という人がヤソオ宮殿へやってきて行った。彼はスカルノ派の多くの政治家を尋問した強面《こわもて》で、「俺が必ずスカルノ大統領をしゃべらせてみせる」と息巻いていたそうだ。尋問は三カ月、六カ月と続いた。

腎臓結石で悩んでいらした大統領のもとに、政府は一応医者を派遣したようだが、適切な治療が施されたかどうかはわからない。大統領はもともと病気がちだったというようなことが伝えられているが、それは真実ではない。加齢による疲れを訴えられることはあったが、むしろとてもお元気だった。ただ一つの悩みは腎臓結石。しかしそれも、ウィーンのフェリンガー教授のもとで五個の石を取り除くことに成功していた。

大統領の腎臓はまるで石を作る工場のようになっていて、取っても、取っても、すぐまたできるのだと医者は言っておられた。一九六四年のことで、私も一緒にお供したのでよく覚えている。一般に言われているように、九・三〇事件の直前の一九六五年八月頃、腎臓が非常に悪化して、命も危ぶまれる状態になり、中国から漢方の医師団を呼び寄せて治療に当たったなどというのは嘘である。友好のために中国政府から漢方の医師団が送られてきて、その施術をインドネシアの医師に紹介しただけであった。

お産のために日本にいた頃は、彼は実権を奪われたといっても、まだ一応大統領であったから、大使館経由で毎日のように電報をやりとりすることができ、カリナが生まれたときも、彼女の写真を大使館からジャカルタへ送ったりしたものだ。

しかし、パリへ来てまもなく、MPRSで不信任決議が出たため、もはや大使館経由での連絡はできなくなった。普通の郵便を利用するしかなかった。誰かシンガポールへ行く人がいれば、そこまで持っていって投函してもらったりしていた。パリにいて、暖かいポルトガルのリスボンやスペインを旅行したときには写真なども送って、それに対するコメントも届いていた。

一九六八年、その年の秋、「ハルティニとあなたの処遇について話し合ったから帰ってきてくれ」という手紙がきた。この手紙は私にとって大きなショックであった。嬉しさより怒りの方が先にきてしまった。私とカリナの帰国に大統領から条件が出るとは思ってもいなかった。あまりのことだ。

それまで私は、私とカリナがジャカルタに戻れないのは、あくまでも政情のためと信じてきた。それなのに条件が出され、しかもそのことをハルティニと相談したとわかり、私は身が震える思いがした。

大統領の手紙を読み進みビックリしたのは、ハルティニと一回外出したら次は私と、というふうに、イスラム教にのっとった、まったく公平平等な扱いをしたいという提案だった。さらに、デヴィはすでにジャカルタに家があるので、ハルティニにもジャカルタに家を建ててやりたい、ということを言ってこられたのだ。彼女はボゴールに、それは大きな家を所有していたし、五人の連れ子たちにもそれぞれ家を与えていた。

私は大統領が権力を失い、財力も乏しくなっているのではないかと、どんなにか遠慮して生活してきたかを考えると、この期に及んでハルティニのためにジャカルタに家を建てることを考えている彼に怒りを感じてしまった。それと同時に側にいる随一の妻の力におののいた。これは少し違うのではないか。

私はカリナを抱く大統領を夢見、外国で耐えていたのに、何と帰国できずにいた原因はハルティニであったのかと、私はあまりに情けなくて、自分が可哀相で、感情にまかせて激しい手紙を送ってしまった。この手紙が彼をどんなにか悲しませてしまったことか。想像すると今でも胸が痛む。

亡くなったあとで知ったことだが、ヤソオ宮殿の私の召使いに「大変な間違いをおかした。イヴ・デヴィを日本に返したりしなければよかった」と嘆かれたそうだ。私が憤らず、このとき帰国していたら大統領は長生きなさったかもしれないのだ。

風に乗って届く声

スカルノ大統領から届く手紙も、しだいに間隔があいてきた。週に一回が、一カ月に一度になり、三カ月に一通になっていった。最後の頃はご自分で書くこともできなくなったのか、書くことを許されなかったのか、メガワティに口述して彼女が代筆して送ってくれたのだった。そして一九六九年になると、手紙がほとんど途絶えてしまった。

私とハルティニの処遇についての手紙をもらう前に、私はこんな手紙を受けていた。

いとしい、いとしいデヴィ

体の調子が悪く、私はいまベッドに横になっている。こうして呼吸している吐く息、吸う息の一つ一つがお前のところに届けかしと私は祈る。

スカルノ

私は大統領がどうなさっているのか無性に気になり、いてもたってもいられなくなってきた。夜寝ていても、風が遠くから大統領の声を運んでくるような感じがした。眠れぬ息苦しい夜が続いた。夢の中に、私にとても会いたがっている様子の大統領や、苦しんでおられる彼が出てきた。カリナの手を引いて、ヤソオ宮殿の長い回廊を歩いていく大統領の姿を夢想することもあった。

私はなんとかインドネシアへの入国を試みようと、カリナと東とフランス人の秘書アリックス・ド・モンテギュを連れて、バンコックまで飛んでいったことがあった。ちょうどそのときのバンコックのインドネシア大使が、昔からよく知っているA・ユスフ将軍だった。さらにスウェーデンのハラルド・エデルスタム大使がその頃バンコックに転勤になっておられた。大使は以前、私の荷物を詰めたスーツケースを無事バンコックまで持ち出してくださった。

大使館の方や友人たちは、私がインドネシアへ戻ったら、たちまち現政府に捕まり、パパに会うことはおろか、カリナの身の安全も保証されないといって私を引き止めた。現に、大統領もハルティニも尋問されている。私もまたそうなる可能性は非常に強かった。それでA・ユスフ大使に本国へ打診してもらったのだが、入国は許可されないと伝えられた。失望と落胆に押しつぶされそうになって、私はバンコックからパリへ引き返してきたのだった。

「大統領危篤」の報

一九七〇年の四月、五月頃になると、再び私の不安は高まった。その年の六月六日のスカルノの六十九歳の誕生日の写真が『ヘラルド・トリビューン』紙に掲載されているのが目にとまった。子供たちが全員面会を許されて、その際にラッハマワティが大統領の写真を盗み撮りしてきて、それをAP通信に渡したらしい。写真で見る大統領のお顔はむくんでいて、見たとたん「これは大変なことになっている。何としても帰らなくては」と思った。

それが六月七日のことで、それから十日くらいたった頃、ＡＰ通信から電話が入って、「スカルノ元大統領が危篤状態に陥ったそうですが、何かコメントはありませんか」と聞いてきた。私はショックを受けた。そして、取るものも取りあえずインドネシアへ駆けつけることにした。カリナも東も一緒に出るため、親しくしていたパリ在住の画家、加藤一ご夫妻に、カリナのために飼っていた小鳥と金魚を預かっていただき、出発の準備を整えた。

日本の川島正次郎先生にお電話して「明日の飛行機で行くのですが、日本政府として私の身の安全を図っていただけませんでしょうか」とお願いもした。だが、「僕の方では、今ここで何もできない」というご返事であった。

その頃、日本政府は、スハルト政権と固く手を握っていたのだった。致し方ないと思い、私は覚悟を決めた。

ウィリアム・オルトマンというオランダの有名なジャーナリストで、スカルノの信奉者でもある人に電話して、私と一緒にジャカルタへ行ってくださいと頼んだのだ。私の身に何かあったとき、彼に歴史に残る正確な記事を書いてもらいたいと思ったからである。彼は二つ返事ですぐに来てくださった。

フランスの友人たちは「デヴィ、あなたは気が違ったの？　行ったら殺されるに決まっているでしょう？　それはカリナにとって大変なクライム（罪）よ。あなたが殺されたら、彼女はどうなるの？」と必死にジャカルタ行きを止めようとした。

だが、ゼロから始まった私の人生なのだから、もう一度ゼロに戻ってもかまわない。大統領に会いに行って殺されるのなら本望だし、名誉なことだと思うと私は言った。大統領あっての人生だった。

私はカリナと東、そしてウィリアム・オルトマン氏と四人で飛行機に乗った。エア・フランスでバンコックまで行って、そこで東京からくるＪＡＬのジャカルタ行きに乗り継ぐ予定だった。ところが、そのエア・フランス機は、オルリー空港出発時に二時間も遅れた。こんなに遅れたらバンコックで乗り継げないと、私は絶望的な気持ちになった。

そこで奇跡が起こった。何とエア・フランス機は、バンコックでＪＡＬ機の横に機体をつけ、私たちはそのままＪＡＬ機に飛び乗ったのだ。コネクティング・フライトの場合、本来ならいったんターミナルに入って、改めて搭乗手続きをしなければならないのだが、すべて省略して乗り移ることができたのである。ＪＡＬは私のために、乗客を二時間待たせて待機していてくれたのだった。

しかし、そのＪＡＬ機に突然、インドネシア大使館員が大勢乗り込んできて、ウィリアム・オルトマン氏を引きずり降ろしてしまった。私は「明日帰るが、オランダ人ジャーナリストを連れて行く。彼はビザなしだが、当局に頼んでそのことを許可してもらってほしい」とジャカルタのオランダ大使館に頼んでいた。そのことがインドネシア当局にすぐに伝わって、彼はバンコックでインドネシア軍部当局の手により引きずり降ろされたのだった。

オルトマン氏は一貫してスカルノを擁護し、ＣＩＡとスハルト将軍を非難してきたジャーナリストであり、スハルト政権から睨まれていたのは確かだった。だからこそ、彼がインドネシアに到着したときに入国を拒否されるといけないと思って、オランダ大使館に援助を依頼したのだが、それが裏目に出てしまったのだった。

数年後、オルトマン氏は数々の事件からオランダ政府を相手取って訴訟を起こし、ついに勝訴し、六百万ドルを手にした。彼はそのお金をすべて、何十冊とつけていた日記を本にして発表するために使った。しかし彼は、日記を公開するという遺書を残してガンに倒れた。今、彼の遺志は引き継がれ、近く本として発表される。そこにはスカルノと私のことが多く出てくる。

とにもかくにも、人々があのときパリで、あれだけ必死になってインドネシアへ帰ってはダメだと言ったそのわけが理解できた。「これはいよいよ私の最後の始まりなのか」という悲愴的な予感が胸を締めつけた。

ＪＡＬ機に乗ったとたん、乗務員が一通の手紙をうやうやしく私に手渡してくれた。それは小学館の林四郎氏からの手紙で、「ご心中、計り知れません。でもどんなことがあっても、あなたが日本人であるという誇りと威厳を最後まで保ってください」と書いてあった。それがインドネシアにいる間の私のバイブルとなった。

飛行機は次にシンガポールに止まった。そこにもインドネシア大使館の職員が三名待機していて、「イヴ……」と言って近づいてくると、私を別室へ案内した。

「これからジャカルタへ行くおつもりかもしれませんが、パーミッション（許可）がないので入国はできません」

「私はインドネシアのパスポートの保有者であり、自分の国に入るのに誰の許可もいらないはずです。まして今の私には選択の道はない《アイ・ハブ・ノー・チョイス》のです。行くしかありません」

私は強い口調で言い返した。すると彼らは血相を変えて、「それでしたら、イヴのセキュリティは保証できません」と言った。

私は神に祈った。「もし私が銃弾に倒れることがあったら、どうか一秒でもいい、二秒でもいい。カリナの命を我が手で止める力を与えてください」と願った。私が死んで、カリナが敵の手に渡ることなど考えられなかったのだ。

シンガポールから私の隣に乗り込んできた日本人が、飛行中、一生懸命なにやら書いている。シンガポール駐在の朝日新聞の特派員だった。よく見ると、それはスカルノ大統領の死亡記事だった。「まだ生きていらっしゃるのに」と、私はいい気持ちがしなかった。他社に先駆けて、一番乗りで新聞に出すために予定稿を書いて送っておこうと考えたのだろう。

真っ暗なクマヨラン空港

ジャカルタのクマヨラン空港に着くと、機内から見える空港ターミナルは真っ暗だった。あとでわかったのだが、空港で私の到着を待っていた多数の記者や何百人という一般市民に私に会わせまい、写真を撮らせまいとして軍部が故意に停電させたのだった。

まもなく、「イヴ・デヴィ・スカルノは機内にお残りください。他の乗客は先に降りてくださ
い」という意味の機内放送があり、他の乗客は全員先に降りた。

「ああ、ついに私の運命は……」

ウィリアム・オルトマン氏が引きずり降ろされるのを目前に見ていた私は覚悟した。こんな真っ暗なところで、そっと殺されてどこかへ捨てられたら、何もかも闇に葬られてしまうのだ、と最悪の事態を予想し、カリナと東と三人、ＪＡＬ機の中で次に起こりうることを想像し、緊張していた。

まもなくグリーンの軍服を着た、ちょっと恰幅のいい男が二人のお供を従えて飛行機の中に入って来て敬礼した。

「イヴ・デヴィ・スカルノですか」

「ハイ」

「当局からの手紙がありますので、読んでここにサインしてください」

手紙の概要は「インドネシア国内でのセキュリティは軍が担当するので、軍の命令に従うように」というものだった。そのような状況下では署名する以外に、私に選択肢はなかった。

「イヴはまず陸軍病院へ行くことを希望されますね」

「すぐに連れて行ってください」

私たちはタラップの下に用意されていた車に乗った。その軍人ラッファマン大佐が助手席に座った。車はエアポートの通常のゲートから出ないで、突然ジャングルのようなところへ入っていくので「どうしたんですか」と尋ねると、空港のゲートのところに二百人くらいのジャーナリストや一般市民が来ているので、それを避けるためだということだった。

やがて通常の道に出たが、なぜか南部の陸軍病院ではなく、北部のタンジュン・プリオクの港の方向へ猛スピードで走っていく。私は暗い海を目の先に見つめながら「やはりだめか、どこかでコンクリート詰めにされて、捨てられるのではないか」と生きた心地がせず、どこかで急停車したらカリナを抱いて走ろうと、足を踏ん張って乗っていた。

結局ぐるぐるあちこち回りながら、最終的には陸軍病院へ着いた。あとでわかったことだが、空港へは旧友で、グヌンアグンという出版社のオーナーであるマス・アグン氏が来ていて、軍から私を奪回しようと車で後をつけていたのだった。それをまこうとして私たちの乗った軍の車は、あちこち回り道したのだそうだ。マス・アグン氏は軍の力のある人に背後から手をまわして、軍人同乗で追いかけていたのだった。

グヌンアグン社は、それまでの大統領関係の本はすべて出版を引き受けていた。大統領とはもともと親しかったのだが、マス・アグン氏が私と親しくなったのは、スカルノの美術品のコレクションを出版する際、私が選定し、リー・マンホンという大統領お気に入りの画家と二人で編集にあたり、日本の凸版印刷で印刷の協力を得て、グヌンアグン社から出版したのがきっかけだった。彼は歴史に大変興味をもつ人物であった。

「一週間遅かったわ」

陸軍病院へ着くと、案内してくれる人たちが「モルグ（病院の死体安置室）、モルグ」と叫ぶので、「大統領はもう亡くなってしまったのか」と一瞬ドキッとしたが、それは人だかりを避けて病院の裏口から入ったため、死体安置室の前を通っていくしかなかったのだった。

病室の前では、スカルノ大統領の長男のグントールとラッハマワティが迎えてくれた。私が来るという知らせを受けて待っていてくれたのだ。三年半会わないうちに、二人は立派な大人に成人していた。中へ入る前に「驚かないでください」とグントールは言った。とりあえずカリナは置いて、私だけが入ることにした。

大統領の姿を見たとたん、彼が言っていた意味がわかった。大統領は喉の奥まで見えるほど大きく口を開けて、ガーッ、ガーッとものすごく大きな音を立て、懸命に死と戦っておられた。しかも一呼吸するたびに肺が大きく動くのだった。私は悲鳴をあげ、グントールに抱きかかえられた。

異常な光景だった。あれほど活気にあふれ、人の心をとろけさせずにはおかなかった大統領。彼の喉はカラカラに渇いているのではないかと、思わず「お水、お水！」と叫んだのだが、水を飲める状態ではなかった。もう数時間もそういう状態が続いているという。私はひざまずいて

「パパ、デヴィよ、デヴィよ、帰ってきたのよ」と言って、手を揺さぶった。そして際限なく繰り返した。

「デヴィよ、私よ」

「パパ、帰ってきました」

「私ですよ」

ときに荒い呼吸が静まり、何か少し目に反応がみられた感じがしたが、とても意識を取り戻されるとは思えなかった。握りしめている彼の手に力が入ったのが、せめてもの慰めであった。

父親にひと目会わせるためにカリナを連れてきたのに、私はひどく悩んだ。こんな状態の父親に会わせるべきかどうか。三歳三カ月の幼児の心に焼きついているはずの、軍服姿の凜々しい父親のイメージを叩き壊してもいいのか。迷ったあげく、ついに死と格闘する大統領の姿は見せずじまいだった。

私の剣幕におされ、やがて五人の主治医たちが出てきて、私と向き合うことになった。病名は何なのか、どのような状態でこうなっているのか、私は涙をぽろぽろこぼし、泣きながら聞いた。

「当局の許可がないので、一切答えられません」

「大統領に最後のお仕えをするために帰ってきたのですから、今晩はこの部屋に泊まらせてください。床に横になることもいといません」

「当局の許可がないから駄目です」

彼らはそう言うばかりだった。

私は妻なのだ、当局が何と言おうと希望を押し通すと言うと、「明日からなら、何とかしますので、今日のところはお引き取りください」と言われ、致し方なく引き下がった。

しかし、彼らは知っていたのだ。大統領の命はいくばくかしかもたず、明日がないということを。

その夜はヤソオ宮殿に泊まれるとばかり思っていたのだが、そのあと連れて行かれたのは、私がボゴールの先のチパユンに持っていた、「ウィスマ・マサ」という、母の名前をつけた別荘だった。一日がかりの長い飛行機の旅のあとの劇的な面会、それからさらに一時間半ほど車に揺られて、ようやくその別荘にたどり着いた。

翌朝迎えが来て、再び病院へ出発しようと車に乗ると「バパ・スダ・ティダ・アダ（バパは早朝、お亡くなりになりました）」という報告が、乾いた口調で告げられた。

「ああっ、なぜゆうべ、強硬手段に出てでも泊まり込まなかったのだろう」

私は悔やんだ。ゆうべのあの様子では、とても持たないのではないかという予感があったのだが、それは本当になった。ジャカルタにいた家族は夜中の三時頃に呼び出されたそうだが、チパユンにいる私のところには届かなかった。亡くなったのは六月二十一日午前七時のことだった。

急いでジャカルタの陸軍病院へ駆けつけたが、なかなか病室に通してもらえない。どうやら病室にはハルティニ夫人がいらして、軍は私たちを鉢合わせさせてはいけないと思ったようだ。そのように説明されて、私は少し待たされた。その後しばらくして、大統領の亡骸《なきがら》を前にして、ハルティニ夫人との初めての対面となった。

初めて向き合うその人を目の前にして、憎しみは氷が融けるように融け、親愛の気持ちが湧いてきた。開口一番、彼女は私に言った。

「一週間遅かったわ」

大統領はハルティニに対して、長いあいだ私の存在を認めなかったが、病状がかなり悪くなったとき「ハルティニ、今までデヴィのことを隠していて、すまなかった。この先、あなたと彼女は姉妹のように仲良くしてほしい」と遺言なさったそうだ。

ハルティニ夫人は「私があなたをインドネシアに来られるようにしたのよ」とも言った。「私は自分の意志で来たのに、なぜ恩を着せられなければならないのか」と思った。

大統領はお誕生日の頃から容体がひどく悪くなったが、大統領がデヴィに会いたいと言われるので、彼女が当局に頼み込んで入国を許可してもらったというのだ。だから彼女は自分が私を呼んだと思っているのだった。

ファトマワティ夫人はそのときも姿を現さなかった。子供たちは全員駆けつけてきていて、ハルティニ親子とも顔を合わせていた。ハルティニ夫人は、やはり初めて会ったファトマワティ夫人の子供たちに気兼ねをしている様子が窺われた。

大統領のお顔は安らかで、とてもきれいだった。お身体は以前と変わらず、頑健に見えた。いったい、どこが病気なのかと不思議に思った。

大統領の身体は男性のお子さんたちによって清められ、最後に男性は遺体にキスすることが許される。ファトマワティの息子であるグントールとグルがキスしたあと、ハルティニの二人の息子、タウファンとバユがキスしようと近づくと、そこにいた誰かがすごい勢いで彼らを止めた。それを見てハルティニは、キッとして「この子たちも男の子よ！」と叫び、それをさえぎった。

小さくて粗末な棺

まもなく棺《ひつぎ》が用意されたが、それは粗末な、ごく普通の棺で、しかも小さすぎて、大統領の大きな身体を無理やり押し込むという感じであった。係員が頭を押さえてギュッと入れるのを見たとき、私はカッとして怒りを抑えきれなかった。その人につかみかかりそうになった私を、スクマワティがおさえた。イスラム教において頭に触るなど、もっての外のことなのだった。

大統領の臨終がまもないとわかっていたなら、軍はもっと立派な棺を用意することができたはずであった。九・三〇事件で殺された六将軍のために、あれだけの短い期間に、あれだけの立派な棺が用意されたのだ。

その後、遺体は病院からヤソオ宮殿に運ばれて安置され、最後のお別れにやってくる方々をそこで受け入れることになった。私は三年半ぶりに、大統領との思い出のつまった、この懐かしい館に足を踏み入れた。

しかし、あの華やかで美しかったヤソオ宮殿はすっかり様変わりしていた。奥の寝室は牢獄のようだった。いったいお手伝いさんたちは何をしていたのだろう。シーツは灰色になっていたし、お風呂場には真っ赤にさびた剃刀が二つ、三つ散らばっていた。寝室に三つ、ドレッシングルームに二つ、入るとパタンとフタが閉まるネズミ捕りが置いてあった。それを見て私は、スハルトを許すものかと思った。

最初はある程度の地位のある方々だけに弔問を許すということだったが、悲報を聞いた民衆がドッと押しかけてきて、ヤソオ宮殿は蜂の巣をつついたように騒然となった。勝手に入ってきて、その辺にあるものを新聞紙に包んでこっそり持ち帰るような人もいたが、警備員はおらず、大混乱となった。

お通夜の席で、私は初めてユリケ・サンガに会った。彼女は転げ込むように広間に入ってくるなり「うわっ」と声をあげて泣くと、同行の人に抱かれるようにして出て行った。その姿がとても自然だったので、私は彼女に好意をもった。

当時はすでに離婚していたハルヤティもやって来た。しかし私は、ヤソオ宮の主《あるじ》は私、という思いから「あなたは反乱のときに離婚して、新聞や雑誌でスカルノ大統領を好き勝手に非難したのだから、ここへ来る権利はないわ」と言って、挨拶のために差し出された彼女の手を振り払った。

それを見ていたマス・アグン氏は、彼女を気の毒に思ったようだ。彼は歴史のためと言いながら、彼女とも親しくしていたのかと思うとイヤな気がした。彼が「何もあそこまでしなくても」と言ったくらい、私の言い方は厳しかったようだ。が、しかしその場にいたほとんどの人は心の中で私に拍手をしていた。

アメリカ大使のグラディス夫妻、そして時の権力者スハルト将軍夫妻も弔問にやって来た。

沿道で嘆き悲しむ人々

その夜、ハルティニと私は、大統領の埋葬地に関して、軍が指示していたスカルノの故郷ブリタルでは困ると不服を唱えた。ハルティニも私も、それぞれ希望をもっていた。

私はずっと以前に大統領から、「私が死んだら、大きな木の下に、大きい自然石を置いて、『スカルノここに眠る』と刻んでくれ」という遺言状を預かっていた。私は、大統領がヤソオ宮殿の庭に自ら植えられたワリンギンの木の下を想定なさっているのかなと思っていた。ハルティニ夫人がどこを想定し望んでいたのかはわからない。

しかし軍は、首都に近いところに墓を作ると、人々が墓参に駆けつけ、スカルノ人気が沸騰するのではないかと恐れたようで、スカルノの生まれ故郷のブリタルに葬ることを提案したのだった。

結局、私たちの反論は聞き入れてもらえず、遺体はブリタルに埋葬されることになった。そこはスラバヤから、さらに自動車で五時間くらいかかる地方都市で、そこまで墓参りに行くとなると、一般の人たちは二の足を踏んでしまうだろうと思われた。

六月二十二日、ジャカルタ市の創立記念日として毎年市民に祝賀されているこの日、スカルノの遺体は空軍機ヘルクレスで、東部ジャワの高原都市マラン市まで運ばれ、そこから陸路ブリタルへ向かった。私たち家族も空軍機で同行した。

ヤソオ宮殿からハリム空港まで向かうジャカルタの沿道も、マランからブリタルに向かう沿道も、スカルノの死を悼む人でいっぱいだった。国中が涙であふれていた。ブン・カルノ（スカルノの愛称）を絶叫する人、「ババ！　ババ！」と泣き叫ぶ人たち。電信柱によじ登って号泣している男もいた。

生まれ故郷ブリタルに埋葬

ブリタルにあるスカルノの生家に住んでいるただ一人の姉、ワルドヨ夫人もジャカルタに駆けつけていた。私はそのとき彼女とは初対面だった。彼女は私にこう言った。

「あなたがもっと早く帰ってきてくれたら、弟は死ななかったかもしれない」

それ以後、お墓参りに行くたびに、ワルドヨ夫人の好意で、生家に泊めていただいている。

スカルノの生家でもあったブリタルの家は、ワルドヨ夫人亡きあと、スカルノ博物館のようになっていたが、血縁者も亡くなり、維持できる人がいなくなって、今は売りに出されているという。大統領をつとめたメガワティがついていながら、スカルノの生家を売りに出すなんて何事かと、残念でならない。

埋葬の日に戻る。

ワルドヨ夫人の家の台所には、親族や近隣の多くの女性たちが集まり、弔問客のための炊き出しをしていた。インドネシアではこのような伝統が強く生きていて、冠婚葬祭に際しての近隣の女性たちの団結は強い。

私はそっと裏に回って女性たちにねぎらいの声をかけた。立ち入り禁止の指示を振り切って、家の中に忍び込んでいたインドネシアのジャーナリストがその様子を見て、私に話しかけてきた。彼は「デヴィは、人々と交わるのが上手で、心優しい女性だという印象を受けた」と、後に出版した本の中で書いている。

この日は他にもたくさんの記者たちが押し寄せて、私に矢継ぎ早に質問を浴びせかけた。初めてインドネシアのマスコミに登場するカリナも注目の的だった。

スカルノが葬られたのは、儀式にのっとり、礼砲のもとではあったが、ブリタルのご両親の墓とともにごく普通の墓地で、ご両親の隣にであった。後に、さすがにこれはひどいということになって、ブリタルの隣の英雄墓地にご両親の墓も一緒に移され、ブン・カルノの墓としてふさわしい廟も建立されたが、生前スハルトが自らつくった廟のスケールとは比較にならないほどシンプルなものである。

私は埋葬のあと、四十日の法事までインドネシアに留まった。インドネシアでも、日本のように、死後七日、四十日、百日、一千日には家族や友人たちが集まって法事をする。その間、私はファトマワティ夫人の三女スクマワティの家に滞在させてもらった。

どんな不測の事態が起こるかもしれないと恐れていた、軍によるイントロゲーション（尋問）はなかった。怖かったので、私はあえて自分自身を積極的にメディアに露出するようにした。敵は静かになるのを待って、チャンスを狙っているかもしれないという不安だった。毎日、新聞に出ていれば人の目につき、いなくなるようなことが起こった場合にも気づいてもらえるだろうと思ったのだ。そのために毎日ニュースになるようなことをしようと心がけた。

革命資金の行方

私がヤソオ宮殿に入れたのは、お通夜の一晩だけだった。そのとき、別れた昔の妻インギット、二番目の妻ハルティニ、そして私の三人が一緒に、かつて大統領と私のベッドだったところに腰をかけて写した写真が残っている。そこにいられたのはその晩だけで、翌日ブリタルに向けて出棺すると、宮殿はシールされてしまった。

スハルト政権の官房長官の命により、ヤソオ宮殿に七名ほどの人間が入り、遺品を調べ、出てきた現金は没収され、調度品については二、三週間かけて目録（インベントリー・リスト）を作成した上で没収された。形見分けもできなかった。懸けてあった絵も家具も壺もすべて、私が個人的に収集したものも没収された。大統領からの手紙類は、すでに一九六六年に密かにフランス大使に託して国外へ持ち出してもらったので失われていないのだが、アルバムと多くの写真が失われてしまった。

話によると、ヤソオ宮殿から出た私の収集品や家具、写真類に至るまで、すべて一時ファトマワティの家に預けられたということだ。しかしファトマワティの家には入りきらないので、庭に倉庫を建てて入れたそうだ。その後、莫大な量の銀器や絵画などは長男のグントールの家にいったという。

その頃、スカルノの副官をしていたサブル少将から、会いたいという連絡が来た。お金に困っているので、少し都合していただけないかということと、是非お話ししたいことがあるから、お出まし願えないかということだった。そして最後に、「きっと神様は、あなたに素晴らしいことをしてくれるであろう」と書いてあった。彼は拷問で足を折られ、歩けない状態だった。

しかし、私は間違っていたかもしれないが、ハルヤティのことで彼を恨んでいて、会おうという気にならなかった。色々お世話にはなったが、どこかで彼に裏切られているというような気持ちがあったのだ。それにまた彼に会っているのが見つかったら、当局に何を怪しまれるかしれないという不安と恐怖もあった。

だが、今になって私は彼に会わなかったことをひどく後悔している。会って色々なことを、特にダナ・レボルシ（革命資金）のことを聞いておけばよかったと思うのである。

私は、ダナ・レボルシは政変後ないしは政変前、誰かがスイスの銀行に口座を開いて、そこに納めたのではないかと思っている。そして、あのときの状況で、ダナ・レボルシを握っていて、なおかつスイスに飛んで口座開設ができたのは、大統領の信頼の厚かったクリスチャンのレイメナ副首相の長女ウティン・スラルト夫人か、サブル少将くらいしかいないのだ。ビジネス・ウーマンのウティン・スラルト夫人が官邸に来ると、必ず人払いがされ、私も席をはずさせられていたからだ。

匿名口座の場合、名義人の個人名は出さないでナンバーだけで登録している。そしてその数字をアルファベットで自分の筆跡で書いたものが署名になる。ということは、ウティン・スラルト夫人ないしサブル少将自身がスイスへ行って、その筆跡でサインしない限り預金は引き出せず、もし彼がいなくなってしまったら、そのお金は永久に銀行のものになってしまうのである。

大統領の死後、サブル少将が非常にお金に困っていたというのは、足を悪くしてスイスへ行けなかったために、お金が引き出せなかったということもあるだろう。彼の署名を持って私にスイスに行ってもらい、彼が命をもって秘密を守り、スハルト政権に渡さなかったダナ・レボルシを、なんとか引き出そうとしたのではないか。そう考えると、返す返すも、そのとき彼に会わなかったことが悔やまれるのである。

アダム・マリク外相の救いの手

四十日の法要が済むと、私はパリには戻らずに、いったん日本へ行った。まだそのままにしてあった等々力の家にしばらく滞在し、再び百日法要のためにインドネシアを訪れた。そのときは軍が空港で待ちかまえていることもなく、マス・アグン氏の出迎えでジャカルタに入った。マス・アグン氏は、彼が所有するクイタン通りのグヌンアグン書店の近くにある、ハイアット・アルヤドウタ・ホテルを予約してくださり、私はそこに滞在した。

そのホテルは、ナショナリストのB・M・ディアが経営するホテルで、その一階には、元東日貿易の社員で、私がインドネシアに初めて来た頃、いろいろお世話になった桐島さんがレストランを開いていたのだが、このときにはそのことを知らなかった。彼は久保氏が駄目になったとたん、B・M・ディアに鞍替えしたのだった。桐島さんは日本の妻と別れ、美しいインドネシアの女性と結婚し、ビジネスマンとして成功していた。

このときの滞在中、軍から招集を受け、ヨーロッパの社交誌に掲載されていた、宝石をつけた私の写真を証拠として、女性の軍人から三日間、尋問を受けた。一番の目当てはお金のことだった。軍は、私がダナ・レボルシのありかを知っているのではないかと思っているようだった。彼女は私が身につけていた宝石を指して、この宝石はいつ、どういう方法で買ったのか、などと尋問した。私は、それらは全部コスチューム・ジュエルであり、本物ではないと言った。実物がそこにないので、彼女たちはわからないでいた。

そのときの軍の態度は丁重ながら、結局は乱暴だった。日帰りの尋問だったが、尋問終了後、パリへ帰ろうとした私は空港で止められた。ニグラリ大佐が、「調べがゆるい、自分がする」と言い出したのだった。

そのときに助けてくださったのが、スカルノ時代の駐ソ連大使で、当時外務大臣だったアダム・マリク氏だ。彼が大使時代に、私は勉強のためにソ連に行き、ご夫妻ととても親しくなっていた。彼は夫の墓参りに来た未亡人を逮捕するなんて、インドネシアとしてみっともないことであると官房長官と軍に進言してくださったのだ。

この滞在中に私は、ルスラン・アブドゥルガニ氏、アダム・マリク氏、プリヨノ氏などにお会いしていた。

このあと久々にパリへ戻り、その後一千日の法要に再びインドネシアを訪れた。

スカルノ大統領は、権勢を振るえた頃も身内には特別なことをせず、また、家族のために財産を残すようなことを一切考えていない方だったため、一族は突然、経済的に大変な苦境に陥った。

ファトマワティ夫人は、まだ学業を終えていなかった末子のグルの学費を出すために、高級住宅地クバヨランバルにあった邸宅を賃貸に出し、郊外のチランダックに小さな家を建てて移り住んだそうだ。後にこの窮状を見かねたアリ・サディキン・ジャカルタ知事（元海軍提督）は、グントールとメガワティに、チェンパカ・プティ地区に家を与えたようだった。

アリ・サディキン知事は一九七〇年代に、四つのカジノの収益で、国家にとって大事な建物を建設したり、道路や橋を修理したりして国民の間に絶大な人気を博するようになった。国民の中にはスカルノ派の彼を大統領にという声も上がった。ところが、スハルトはそんな彼を嫉妬し、カジノの認可を却下し、あげくの果てに彼を追放してしまった。

第7章

新たな恋――フランスでの生活

財テク投資失敗の痛手

大統領の法事を終えてフランスに戻ってくると、長い不在がいろいろな弊害を生み出していた。私はスカルノ大統領が亡くなる前に、「ファンド・オブ・ファンズ」――「資金の中の資金」とでもいうのだろうか――という、当時スイスを中心に世界的に伸びていた投資会社に七十万ドル（二億五千万円）ほどのお金を投資していた。自分の所持金だけでは今後の長い人生はとても暮らせないと思い、これを増やすことを考えたのだ。

その頃この会社は、私が長いあいだ泊めていただいていた、スイスに近いフランス領にあるお城の所有者バーニー・コンフェルドがオーナーで、一株およそ十ドルだった株価が、あっというまに二百ドルまで高騰するなど、破竹の勢いで成長していた。それで私も七十万ドルものお金を投資したのだった。

ところがその成長は長く続かなかった。バニーの成功を許さないスイスの銀行家たちに仕掛けられたのだと思うが、過信の失敗から、あれよあれよというまに、価値がどんどん下がっていってしまったのだ。

私はスカルノ大統領の死とその後の法事で、半年以上ヨーロッパから離れていたので、このニュースを知らず、何の手も打っていなかった。帰って来てみたら会社は倒産して、株券は紙くず同然になっていた。これは私にとっては大きな痛手となった。

私はニューヨークの一流の投資会社チャールス・アレン&カンパニーにも投資していた。パリに家を買ったり、こうした会社に投資したり、私にどうしてそれほどのお金があったのか、不思議に思われる人もあるだろう。

私はカリナを身ごもったとき、経済的なことには一切おかまいなしの、大らかな大統領に不安を抱いた。大統領に万一のことがあったら私はどうなる？　そう考えた私は、どうしても経済的なセキュリティがほしいと、初めて大統領に言った。それで大統領は、インドネシアがオイル・タンカーを三井物産から購入する際の契約のコミッションが定期的に東京の東京銀行の私の口座に入るようにしてくださったのである。一回二十万ドル（七千二百万円）くらいだったと思う。

当初、その手続きをしてくださった三井の高橋健二副支店長（のちにファー・イースト・オイル・トレーディング会社の社長となった）が、パリのような物価の高いところへ行くのはおやめになってはと言っていたのだが、このコミッションの合計を計算して、これくらいあればパリでの生活も大丈夫でしょうと言ってくれた。その後、一九六八年三月にスカルノ大統領がその地位を追われると、三井は突然、このコミッションの支払いをストップし、私のパリでの生活設計はすっかり頓挫してしまった。あの頃、外国の新聞は、私がインドネシアから二億ドル持ち出し、海外へ逃亡したなどと書き立てていたが、とんでもない話である。

私はパリでコンサルタント的な仕事をして収入を得ることを学んだ。例えば未開発国の国家的プロジェクトとそれを実現できる大会社をつないで、ファインダース・フィー、つまり紹介料を得たり、さらにプロジェクトの紹介、ファイナンスをつけたプレゼンテーション、契約から建築工事、機械設置、試運転、引き渡しまでのエージェントの仕事もした。しかし、その後も財テク投資で失敗を重ねたこともある。

以前、病院と医療器具視察旅行でスイスへ寄ったとき、私のホテルにスイスの銀行マンが代わる代わるやって来て、「もしお役に立てるなら」と言って名刺を置いていった。やがて政治的亡命者にならんとしている私に、アプローチ合戦がすでに始まっていたのである。

スイス銀行の匿名口座

所持金は、フランスへ行ってまもなく、スイスのクレディ・スイス（銀行）に口座を開いて入金した。前にも述べたが、これは匿名口座、別名ナンバー口座（ナンバーズ・アカウント）といって、名義人の個人名は出さないでナンバーだけで登録するものだ。その数字を、2ならtwoとアルファベットで、直筆で書いたものが署名になる。

私に万一のことがあって、その数字が書けなくなったら、預金は下ろせなくなるのだ。娘が十五歳くらいになっていれば、これがママの口座の番号よと教えることができるが、小さい子供にはそうするわけにはいかない。結局、不慮の事故などで預金者が亡くなり、そのお金が相続人に自動的に相続されないで、銀行に眠ったままというのがずいぶんあることだろう。何百万というユダヤ人のお金が、戦後、スイス銀行のものになってしまったというのも納得がいく。

自分の名前で堂々と口座を開けず、そんな不便な口座にしなければならない世情だった。新聞は、私が莫大な資産をどこかに隠していると報道していたのだ。それほど用心する必要もなかったかと今では思うのだが、その頃はそこまで神経質になっていた。後にパリとニューヨークの東京銀行に口座を開いた。ニューヨークの東京銀行はウォルドルフ＝アストリア・ホテルの一階全フロアーを占めており、日本人の誇りだったが今はない。あの頃は外国に支店のある日本の銀行は東京銀行しかなかったのである。

スイスの銀行に預けたお金は、当時はスイスまで行って、自ら署名しなくては下ろせない口座であったから、必要なときに行けず、お金に困って一度質屋を利用しようとしたこともある。びっくりしたのは、フランスの質屋は日本の質屋とは違って、フランス財務省が運営していることだった。

スペイン人銀行家と婚約

大統領が亡くなって、これからどうしようかと途方にくれていた頃、フランシスコ・パエサという銀行家に出会った。スペイン人だが、スイスのジュネーブ近くのグランにある素晴らしい館に住んでいた。館はア・ラハダ（A. Rajada＝岩の亀裂の意）と呼ばれ、公園のように広い庭園から、白鳥が浮かぶレマン湖を見下ろす風光明媚なところにあった。

帝国ホテルを建てたフランク・ロイド・ライトの一番弟子が建てたものだということで、とても凝った造りだった。丸く透き通った宇宙船のようなガラス天井で、フロアーや壁は何十万という数の御影石と木を使って建築されたものだった。キッチンもバスルームもすべて、くねくねと丸みを帯びていた。家具は造り付けで、ダイニング・テーブルは小船のような形。何から何まで、あの時代に流行した「宇宙にいるような」感覚のデザインだった。全フロアーに床暖房が施され、しかも熱風も出てくる。冬になってもコオロギがいつまでも鳴いていたのを覚えている。

私はパリとのあいだを頻繁に往復し、フランシスコと多くの時間を一緒に過ごした。その頃私の心の片隅には、インドネシアとかスカルノという名前と縁を切った生活をしてみたいという、焦りに近い願望があった。それまではスカルノ大統領に全身全霊をかけてきたけれど、彼の死によって突然、梯子をはずされ、深い悲しみと疲労感だけが残った。そして心にかけていた人々の裏切りと落胆。

大統領との思い出を振り返ってみれば、寂しさや失望、怒りなど、さまざまなネガティブな感情が盛り上がってくる。二人で勝ち取ったと信じていた西イリアンの解放のあと、そこへの初めての訪問のときに、大統領がハルヤティという新しい女性を連れて行ったという事実は、何よりも許せなかった。

大統領が亡くなったとき、私はまだ三十歳。このまま未亡人として一生を送るなどということは、とても考えられなかった。

大統領とご一緒のときは、自分が大統領の人生の中にはめこまれて、大統領の影でしかなかったように思えた。大統領の一生の歴史の中の、そのひとコマとして、デヴィという女性が、ちょっとのあいだ入っていただけではないのか、とも考えた。

大統領は名声があり、権力があり、財力もあって、すでに完成された人だった。そうではなく、これから私と一緒に何かを築いていけるような、自分の年齢に相応の人と、これからの人生をやってみたいという思いがあった。一緒に戦って富を得、一緒に戦って名誉を得られる人、財産や社会的地位の向上を一緒に得られるようなそういう人。そういうふうに考えたとき、私はフランシスコがふさわしい人なのではないかと思い、彼との再婚を考えるようになっていった。

それに加えて、カリナが男親を必要としていた。つねに私と東だけに囲まれて生活していたカリナは、力強い男性の保護者を求めていた。保育園に通うようになると、お友だちは、パパが車を運転して送り迎えにくる。お誕生日のパーティーに呼ばれると、他のお友だちはパパの膝の上

1967年3月7日、カリナを出産。
慶應義塾大学病院にて。

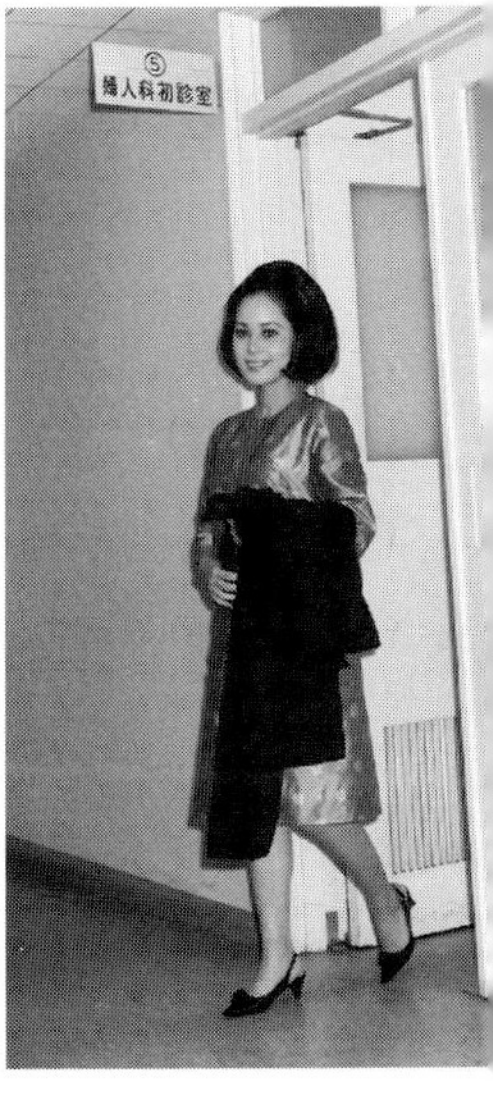

1966年11月、
慶應病院にて初診療を終えて。

セーヌ川のほとりで。

等々力の自宅で、生後間もないカリナと。1967年

1968年3月7日、カリナ1歳の誕生日。パリ、マキシムにて。

カリナと逗子海岸にて。1967年

エッフェル塔を背景に。
服装／クレージュ

成長したカリナ、パリの冬。1976年

1 歳半になったカリナを連れてコルシカ島へバカンス。

コルシカにて。1968 年

嵐山「竹生」浪花千栄子邸。
私を強くはげまして下さいました。

松本弘子と オリビアちゃんと 初めての冬。1967 年

憩いのひとときに。
ホテルオークラ東京。

1968年、カリナの誕生日。おや、沢田研二のお顔も。

東京、帝国ホテルにて。ドレス/シャネル

すくすく育つカリナと。下の写真、ドレス/ジャン・ルイ・シェレル

パリ自宅にて。
こうして 母子が戯れていても ジャカルタの大統領のことは
片時も 忘れることはなかった。1968 年

私の肖像画のある部屋、パリ自宅にて。
左の絵、ビダル・クワドラス 画。右の絵、クローディオ・ブラボ 画。

正月、パリ自宅にて。

1989年。アメリカ、ボストンの パイン・マノア大学での カリナの卒業式。

に座っている。パパにハグされたり、キスされたり、髪の毛をなでてもらったり……。

彼女は無意識のうちに、自分の家にはどうして男性がいないのかと思っていたようである。そしてそのことが、彼女の情緒を不安定にしていたのか、とても気難しい子供になっていた。ところが、フランシスコが傍にいると、彼女はニコニコとして幸せそうなのだ。これは本能的に男性という保護者を求めているのではないかと私は感じたのだ。

そして私たちはウィーンのインペリアル・ホテルで婚約発表を行った。ウィーンで、というのは、次のような事情からである。

スカルノ大統領がご健在の頃、ジャカルタの独立記念塔を設計したリンテル教授という著名な建築家がいたのだが、あるときローマでばったり彼と出会った。ウィーンに狩りに来ませんかと誘われて、何回か足を運んでいるうちに、スペイン人の銀行家と結婚したいのですが、と彼に打ち明けた。そして、すべて彼が段取りしてくださり婚約発表の記者会見となったのである。

別離の本当の理由

その少し前に、私がひと目見て欲しくなったア・ラハダの、フランシスコの住む館を、私はお金を出して買い取った。それまでその館は、彼が借りていたのであった。そして所持しているお金を少しでも増やしたいと思い、彼と一緒に銀行を経営しようと考え、スイスのルサーンで、スタンダード・コマース・バンクという小さな銀行を共同で買収し、グランに戻ってきた。この銀行は、当時のスイスが発行した最後のライセンスを持つプライベート・バンクであった。

ところがこの銀行がご難続きだった。まずスタンダード銀行とコマース銀行が、商標権を問題にし、紛らわしい名前を変えるようにと訴えてきた。それを受け入れざるを得ず、アルファ・バンクと改名した。

次はもっと大きな問題が降ってきた。

私たちのライフ・スタイルは目立ち、ジュネーブの銀行家たちの妬みや恨みを買うことになったようだが、特にロスチャイルド銀行のディレクターに睨まれていた。この銀行に貯蓄していた全額をアルファ・バンクに私が移したためと思われるが、フランシスコが妬まれたのだ。十二月に入ったある日、グランの邸宅にいた私のもとへ外出先のフランシスコから電話が入って、非常に緊迫した声で「ただちにパリへ発つように」と言われた。

スイスでは当時、スイス人以外は、銀行を設立・所有できないことになっていた。そこで、実際の資金はフランシスコ・パエサ氏が大部分を出しているのだが、名義はスイスの元大統領をはじめ元国会議員や弁護士たち五名とし、すべてスイス人で固めていた。ところが、この銀行の実際のオーナーはパエサ氏で、そのパエサ氏は居住資格を持っていないのだから違法であるという投書が相次ぎ、それが認められて銀行のライセンスが剝奪されてしまったのだ。

スイスでは銀行のライセンスを所有せず、預金者からお金を預かることは詐欺罪にあたり、私たちはただちに、すべての預金をクライアントに返済しなければならなかった。スイスでは殺人罪は四、五年の刑で済むが、詐欺罪は三十年から四十年の刑になりかねない重罪なのだ。

私は取るものも取りあえず、身のまわりの物だけを持ち、カリナや東と一緒に車でジュネーブの空港まで無我夢中で飛ばした。パリに戻り、預金返済のための資金を工面してクリスマス前に、奇跡的にも、すべての預金の返済を一週間で成し遂げた。汚名になるようなことが私にまで及ぶことを避けなければならなかった。

しかし結局、彼は私の知らない件で数カ月拘留されてしまった。逮捕されてしまったのだ。私が買い取ったア・ラハダの館も取り押さえられ、そのあげく、彼の保釈金としてさらに三十万ドルを都合することになった。それでもフランシスコと結婚すると信じていた私は、成功した暁にはお金は戻ってくるものと強く信じ、クライアントの投資返済のために全力を尽くしたのだ。

さすがにもう現金はなかったので、ブルガリの巨大なサファイアのセットを売って工面した。ブルガリ兄弟の父が「六十年間、宝石商をやっていますが、こんな見事な大粒のカシミールのサファイアはないですよ、世界一です」と言って自慢していた品だ。一九六〇年代、大統領夫人時代に手に入れたものである。

財産価値のある、大きく稀有な宝石を持つべきだということは、イタリアの女優ジーナ・ロロブリジーダから教わったことである。大統領とローマに行ったとき、ジーナ・ロロブリジーダが私をブルガリへ連れて行ってくれた。その頃のブルガリはヴィア・コンドッティにあった、たった一軒のお店で、形のよい木の枠のケースに商品が並べられていた。あの頃のダイヤモンドは

「ハリー・ウィンストン」、ルビー、サファイア、エメラルドのようなカラー・ストーンはブルガリが一番であった。

ジーナは、宝石を買うときはデザインにお金を払うのではなくて、見事な石だけを集めなさい、と手ほどきしてくれた。そのアドバイスを受け入れて、そのとき私が自分で選んで大統領に買っていただいたのが、その巨大なサファイアのセットだった。リングを手放して三十万ドルをつくったのだ。当時はまだ一ドルが三百六十円の時代であったから、三十万ドルといえば一億円以上のお金だった。

しかし、それほど苦心して保釈金を払ったフランシスコとの関係に終止符が打たれてしまった。彼は、自分はあなたに愛される資格のない者だと言って私の前から姿を消し、私も後を追うことはしなかった。

彼とは三年のお付き合いだったが、この三年間に、私は極上の幸福を得ていた。

朝は鳥の声で目覚め、太陽が燦々と降り注ぐ中、緑が美しく映える樹木や芝生を見てレマン湖におりる。そこでは白鳥が大きな卵を生んでいた。夜、パーティーから帰り、門から長いドライブウェイを走るとハリネズミが横切った。何百本という色とりどりのバラを植えた庭の裏奥には鶏がいて、毎朝おいしい卵をいただいた。庭は公園並みの広さで、グレート・デーンとコリー犬が走りまわり、冬は絵はがきのような美しい雪化粧と変わる。大きなパーティーを催し、花火を上げた。ヨーロッパのキングやクィーンを迎え、公爵や社交界の方々をお招きした。

彼は私たち親子のために頑張りすぎてしまったのだろうか、などとも考えた。私は、愛とお金を決して一緒にしてはいけないという教訓を得た。

仲たがいして別れたわけではなかったので、三十年後、パリのレストランでパエサ氏とぱったり出会ったときには、ごく自然に話し、お金のことは一切何も言わなかった。

彼と別れた以上に私が傷ついたのは、事情を知らない社交界の人たちが、彼が不遇なときに私が彼を捨てて逃げたという噂をジュネーブ中に広めたことだ。私が彼のためにお金を出したことは、ほとんどの人が知らなかった。

パエサ氏と別れた後、ある雑誌に彼と私のことが報道されていて知ったのだが、彼はスペインを追われてスイスへ来ていた人物だった。スペイン内戦後、独立を模索するバスクで政府に対抗して山岳地帯にこもっていたバスク派に軍資金を出していたかどで、彼は国を追われていたのだった。

名門サブラン公爵との恋

フランシスコ・パエサ氏と別れてしばらくたったある日、エリゼ劇場でモナコのグレース公妃主催のバレエ公演があり、私も招待されてロイヤル・ボックスに座っていた。そのときサブラン公爵未亡人から、ご子息のサブラン公爵を紹介された。彼はロバート・レッドフォードに似た雰囲気の貴公子で、独身だった。

フランスという国が作られたとき、ペール・ドゥ・フランスと呼ばれる十四人の公爵がいた。ペールというのは「父」という意味である。エルゼア・ド・サブラン・ポントベス公は、そのような公爵家のひとつで、妹君はオルレアン公夫人だった。オルレアンというのはフランス革命で処刑されたルイ十六世の大伯父、つまりルイ十五世の弟君の家系である。パリ一、全女性の憧れの的であったこの方とのお付き合いは、何と足掛け七年間も続いたのである。

パリの社交界というところは、どんなに素敵な姿格好をしていても、一皮剝《む》くと夜叉のような女の人が多くいる世界である。東洋人の女性が、高貴な家系の公爵夫人になるなど、年頃のお嬢さんをもった社交界の女性たちには許せないことだったようで、私と彼が交際し始めたとき、パリでは異様なほどの反発が起きた。この二人は絶対に別れさせねばと、暗黙の行動が開始されたようだった。

イギリスのダイアナ妃が、イスラム教徒であるエジプト人のドディ・アルファイドとともに、自動車事故で悲劇の死を遂げたとき、英国王室の未来のキングとなられる方のお母様が、イスラム教徒と結婚するなど許せないとして暗殺されたのだという説さえ出たことでもわかるであろう。それと同じである。

私たちは本当に愛し合っていたが、私は数限りない妨害に遭った。〝女王蜂〟の一人は、シーテッド・ディナー（着席ディィナー）にトリックを使い、パーティーに理由をつけ彼だけを招待して、彼の隣にプリンセスのタイトルをもった女性を置くといった具合だった。

パリの社交界の中心にいるのは、お城や大邸宅を持っている裕福な貴族や大富豪である。そして何人かの〝女王蜂〟のような女性を中心に、渦を巻くように取り巻きが集まるのだ。幾つかのサロンがあって、賢くて要領よく、すいすい泳げる人は複数のサロンに器用に出入りする。美しく個性的なパーソナリティとスタイルを持ち、スマートなユーモアのセンスを持った人は引っ張りだこになる。サロンには政治家の姿はほとんどないが、財産がなくても文豪とか才能ある画家、著名なジャーナリストなどは招かれていた。

フランスの社交界は、大変お金のかかるところだが、実際にお金を持っている人がどれだけいたかはわからない。一晩に二千万円くらい平気で使えるような大富豪もいるが、中には見せかけだけの金持ちもいたと思う。そこに属する多くの人の心は荒廃していて、とげとげしていた。「他人の不幸は蜜の味」だというが、それを探すのが生き甲斐のようになっていて、他人が美しい恋をしているだけで許せない。カップルは隠れて交際しない限り、必ずや水を差される。女性には相手の男性の悪口を、男性には女性の悪口を吹き込み、そして二人を別れさせることが、愉しくてならないのだ。

私たちはお付き合いを始めてまもなく、南フランスにあるアンスイ城という彼のお城で婚約発表を行い、その様子をテレビ朝日が取材にきて番組を作った。だが、その後長いあいだ私たちは結婚せずに交際が続いた。その大きな理由はお金であった。

フランスの上流社会では、持参金と結婚契約書が公証人の前で取り交わされる。彼のような公爵と結婚するには、相応の持参金が必要だった。しかし、私にはもうそのような大金はなかった。彼の家も見せかけの華やかさとは裏腹に、他の没落貴族と同じように、お金に余裕があったわけではない。お城の維持費と修理費は莫大であった。彼はその当時、古いビルを買い取り、リノベイトして売却する不動産業を営んでいた。一件成功しても、その収入のほとんどがお城の修理に回ってしまうという状態だった。ゆえにサブラン家は、結婚相手の女性から入る持参金を当てにしていたのだと思う。

こういう習慣があるため、外国の大富豪のお嬢さんがフランスの貴族と結婚して、プリンセスのタイトルを手に入れるという例が沢山ある。たとえば昔なら、スタンダード・オイルの令嬢はプリンセス・ド・ダーレンバーグとなり、後にド・エズ公爵夫人となり、シンガー・ミシンの令嬢はプリンセス・ド・リーンとなり、近年では世界中に免税店を持つ世界的大富豪のＤＦＳの令嬢はプリンセス・ド・グリースとなった。ヨーロッパの社交界は、恋人には美しい女優かモデルと遊ぶが、結婚するのは財産のある女性というのが定番になっている。

サブラン公爵は素晴らしいルックスの、チャーミングな人で、どんなお金持ちの女性でも選べる立場であったが、私たちの情熱と愛は強く、つねに一緒にありたいと願い、愛で結ばれた私たちは一緒に住むことになった。私たちはカリナと東と共に、どこへ行くのも一緒だった。私たちはヨーロッパ中を旅行した。私は彼の家族からも愛されていた。

私はいずれパエサ氏に立て替えた莫大なお金が返されると信じて待っていた。しかし、待てど暮らせど、お金は返らなかった。パエサ氏としても、サブラン公爵と結婚しようとしている私に返済する気をなくしてしまったのかもしれない。これが私たちの結婚をはばんでいた一つの原因だった。

彼の女性問題に苦しめられたことも、結婚に至らなかったもう一つの原因になっている。「ブルー・ブラッド」と呼ばれるフランスの貴族たちから浮気ごっこを取ったら何も残らないと言われるほど、彼らの男女関係は奔放だった。何をしても「彼は青い血《ソン・ブルー》(sang bleu)だから」と言われ、そんなことは当たり前の遊びという感じで流されてしまう。「悩むあなたはナイーブね」ということになる。

ダイアナ妃にしても、スペンサー家という高貴な家柄のお姫様なのだから、チャールズ皇太子の愛人問題などに本気で目くじらを立てる必要などなかったということになる。カミラがいても、そんなことは気にせず、ダイアナ皇太子妃はでんと構えて、いつかはクィーンとなる座を占めていればよかったのだ。離婚を迫るのはナイーブすぎたということだ。

パリの社交界は男性が妻を裏切るだけでなく、女性もまた夫を裏切って愉しんでいる。「コキュ(寝取られ男)」という言葉があるくらいだ。自分の女友だちの夫や友人の妻を盗むことに、どれくらいの悦びを感じることか。「あの女、憎らしいからご主人を寝取ってしまいましょう」というくらいのことは平気でする。

とりわけ私たちの場合は、まわりが別れさせたがっていたのだから、色々な策謀が入り交じり、彼を盗もうとする女性が後を絶たなかったのである。

一九七九年十月、ハルティニの息子タウファンの結婚式に招待されてインドネシアへ行ったのをきっかけに、私は再びインドネシアに吸い込まれるように住むようになった。パリの社交界とはしばしの別れとなり、結局、そこで彼との関係にも終止符が打たれたが、その後私たちはかつてない親友となり、共犯者のように結ばれ、今でも非常に仲良くしている。彼はその後、六十歳になってチェコスロバキアの女性と結婚したが、公爵夫人となってまもなく得体の知れぬ病気にかかり、車椅子の生活を余儀なくされている。これをカルマと言わずして何と言うのであろう。


ロンドンの社交界で会った魅力あふれるパトリック・ザ・アール・オブ・リッチフィールド伯爵としばしの交際があった。ロンドン郊外の彼の領地と城は広大であった。彼はイギリスの女王、エリザベス二世の従弟であった。荘園の中に伯爵家専用の汽車の駅があり、ロンドン直通の線路が敷かれていた。つまりウィンザー家の血を引くこの伯爵家は、お召し列車に乗り、優雅にロンドンまでお出かけしていたのだった。

イギリスの上流社会で二つのことを私は学んだ。トイレットのことを「ルー」と言い、乾杯するときは絶対に「チェアーズ」とは言わないことだ。トイレットというのは下々の下層階級の言葉であり、「ルー」という言葉はリッチフィールド家から出た言葉であり、「チェアーズ」とは仕事帰りにパブに寄って飲む労働者の言葉に由来しており、上流社会では軽蔑にあたる。

第8章 再びインドネシアへ

タウファンの結婚式への招待

パリで十年生活した後、私は再びインドネシアへ腰を落ち着けることになった。きっかけとなったのは、ハルティニとスカルノのあいだに生まれた三男、タウファンの結婚式だった。ハルティニが、スカルノ家の慶事だから、ぜひ出席してくださいと招待状を送ってきたのだ。一九七九年のことだった。大統領が亡くなって十年、スハルト政権の絶頂下にあって、新聞・雑誌はスカルノのスの字たりとも載せる勇気はなかった。

スカルノ一家と親しい人は声をひそめて暮らしてきた。私はこの慶事を利用して、スカルノ一族が大きく団結し、世間に存在をアピールしましょうと彼女に言った。ハルティニは非常に勇気づけられたようだった。私はカリナと東と三人で再びインドネシアへ向かった。

タウファンの結婚相手はなんと、日本人の血を引くバンドンのお嬢さんだった。レヴァナという名のそのお嬢さんの母親は、日本女性とロシア男性とのあいだに生まれた混血で、彼女は四分の一、日本人の血を受け継いでいた。お母さんは一九五〇年代にミス・インドネシアに選ばれたほど美しい人で、レヴァナはその美貌を受け継いでいた。

一方、レヴァナの父親は、スカルノ時代の西ジャワ警視総監エノッホ・ダノブラタの息子で、皮肉なことに、その母親、つまりレヴァナの父方の祖母は、スカルノ大統領がハルティニと結婚したとき、ナスティオン夫人とともに反対運動の先頭に立った人であった。ダノブラタ警視総監夫妻がスカルノ大統領と親しかったので、私はたまたま大統領の生前に何度かバンドンのお宅を訪ねたことがあり、小さい頃のレヴァナにも会ったことがある。

このときの滞在中、行く先々で人々が私を大歓迎してくれた。サリナ・デパートへ行ったときは、私を一目見ようと、すべての売り場の売り子さんたちが持ち場を離れてしまい、仕事に戻るようにという館内アナウンスが流れたほどだった。イヴ・デヴィは二度と帰ってはこないと思っていた国民は感激し大喜びしたのだった。新聞各紙も連日のように、カリナを連れて帰った私を取材し、写真入りで大きく報じた。十年間、恐怖の圧政下でスカルノのスの字も出さなかった新聞が、である。

十年間の誤解をとく

私はこの歓迎ぶりに心の中で感動し、「機が熟したのかもしれない」と感じた。つまり、パリを引き払ってインドネシアに住むことを考え始めたのである。私はつねづねスカルノの妻として、そしてカリナの母としての義務と責任ということを考えていた。カリナが七人の異母兄弟と家族愛で結ばれるようにし、カリナにインドネシア語を覚えさせ、インドネシアの歴史や文化、慣習を勉強させなければと思っていたのだ。

四十歳になった私は、パリにいた頃から行っていた仕事の縁で、幾つかのヨーロッパの会社のエージェントを引き受けることとなり、強い決意をもってジャカルタに向かった。

当初、パリの生活をすっかりたたむことはせず、インドネシアと行ったり来たりの状態が続いた。大統領が私のために建ててくださったヤソオ宮殿は、スハルト政権に接収されて、その頃は軍事博物館になっていた。ボゴールの別荘、母の名をとったウィスマ・マサも接収されていたので、最初の一年ほどはホテル暮らしとなった。まずヒルトン・ホテルに、そして途中からマス・アグン氏が資本を出しているマンダリン・ホテルに滞在した。

カリナは学業のためパリに残ったが、学校の休みのときに時々やって来た。十六歳の誕生日をマンダリン・ホテルで祝い、ハルティニ夫人、ハッタ夫人、ルスラン・アブドゥルガニ夫人らが出席して盛大なパーティーを催した。

私がインドネシアに姿を現したので、さまざまな新聞や女性雑誌が相次いで取材に来て、毎月のように私やカリナの写真が週刊誌の表紙を飾った。パリの華やかな社交界の様子がフランスの新聞や雑誌に報道され、それがインドネシアへも伝わっていたため、ジャカルタの人たちは「多くのスカルノ派の人間たちが厳しい生活をしているときに、デヴィ夫人は、マア、なんと……」と眉をひそめて見ていたようだった。しかし、私が取材に応えて、一九六六年末にインドネシアを離れて以来のことをきちんと話すと、ようやくデヴィの実像がインドネシアの人々にも伝わり始めたようだった。

多くの人は、一九六六年の大変な政治状況の中で、私が大統領を見限って日本に逃げ戻ったように思っていたらしいのだが、大統領の絶対命令で、どうしても戻ることができなかったのだと話すと、記者たちは非常に驚いていた。彼らはそれでも信じられなかったらしく、記事を書く前にラッハマワティに確認に行ったそうだ。ラッハマワティは、「そのとおり。まわりの者は皆知っていることよ」と肯定し、ようやく記者は信じたらしい。

私が大統領からのお金ではなく、パリでビジネスをスクラッチ（まったくのゼロ）から習い、世界の色々な方の知遇を得て取引を成功させ、それで大統領未亡人としての体面を保つことを可能にしてきたことも、ようやくわかってもらえた。

この頃から、私にも前大統領夫人として年金が支払われることになった。ハルティニはすでに受給していた。当時の政権に対し、スカルノ家の窓口になっていたグントールから、「あなたはどうしたいですか」と尋ねられ、どうしたものかと考えていると、ハルティニが「受けた方がいいわ、そうしないと正夫人と認められないから」と勧めてくださったので、私はそれに従った。

一九八二年十一月、タウファンの新妻の父、ダノブラタ氏が亡くなった。私はハルティニ夫人と一緒にバンドンへ行った。そしてそのとき、二人でスカルノ大統領の元夫人インギットを自宅に見舞った。オランダとの闘争を展開するスカルノに長く寄り添い、流刑地での苦しい時代をともに過ごしたインギット夫人は、その頃すでに八十歳を超えて病床についていたのだ。

一人で渡米したカリナ

私がジャカルタへ来ているあいだ、カリナを東に預け、彼女たちがパリで二人だけで残っていることが多かったのだが、その二人の関係がおかしくなってしまった。生まれたときから十四年間、どこへ行くにも一緒で、日本語も、お料理も、ピアノも教えてもらっていた東さんを、カリナが嫌い始めたという。東は、自分はカリナちゃんに敵のように嫌われているようだ、もう私の手に負えないのでお暇をいただきたい、と言ってきた。

東は私たちと一生、一緒にいる人だとばかり思っていたので、私は非常なショックを受けた。しかも、私自身はパリとジャカルタのあいだを頻繁に往復しており、彼女の助けを最も必要としているときだったから、なおのこと困ったが、日本へ帰りたいという彼女の決意は固かった。

私は仕方なく、カリナをノルマンディにあるエコール・デ・ロシュという寄宿学校に入れた。その学校は飛行機のタッチ・アンド・ゴー（離着陸訓練）の練習場や、大きな乗馬サークルを持つ私立の名門校だった。そこを選んだのは、全寮制で、世界の上流の子供たち、その大部分が外交官の子供たちが集まっている学校だったからだ。

学校へ入れる日、彼女は私に捨てられると思ったのか、暗い顔をしていた。普段なら喜ぶ沢山のステキな贈り物にも興味を失っていた。車の中では私の膝に顔を乗せて、泣きじゃくっていたが、「どんな学校なの」と聞くので、「男の子と女の子がいてね」と言うと、ムクッと起き上がって、「えっ、男の子もいるの?」と聞き返し、「だったら、そこで一番素敵な男の子を私のものにしてみせるわ」と言って、すっかり元気になってしまった。次の父兄会に行ったとき、好きな子ができたと得意になって私に紹介していた。

それでも学校生活がいやになって、週末になると、たびたびパリへ逃げ帰ったそうで、先生から注意を受けた。「じゃあ、ママと一緒にインドネシアへ来る?」と聞くと、イヤだという。当時一番の親友で、家族づきあいをし、世界中どこへでもよく一緒に旅行をした、同じアパルトマンに住むアメリカ人の画商のエドモンド・ニューマンと彼のパートナーであるフランス人のフィリップ・コロナが、幼い頃から知っている彼女の面倒を見てくださるというのでお願いし、パリのアパルトマンに置いていったこともあるが、やはりそうしたやり方は無理で、長続きしなかった。

結局、彼女もジャカルタへ来ることになって、ジャカルタ・インターナショナル・スクール(JIS)の高校に入学した。彼女はそれまでフランス語で教育を受けていたが、小さい頃から英語も話していたので、不自由なくこの学校になじんだ。バカロレアをとるためには三カ国語が必要で、英語、フランス語に次いで日本語も勉強したが、読み書きができなくて途中で放棄した。

日本語は、東さんに教えてもらって少しは書けたのだが、やはり難しかったらしい。ＪＩＳには一年半通い、その後ボストンのパイン・マノアという女子大学に入リ、カリナは単身渡米した。

スハルト一族の隆盛

カリナがインドネシアに来た頃、私はメンテンのスウィルヨ通りに家を借り、ジャカルタに定着するようになっていた。

私が以前ヤソオ宮殿で使っていたマイセンの食器やイギリスの見事な銀器、大統領から贈られた数々の絵画や美術品など、なぜかファトマワティ夫人のもとへ送られたものが、その後グントールの家に移されているということで、私が家を構えるにあたって、ハルティニ夫人が「返していただくように要請してみたら」と口添えしてくださったが、今日に至るまでグントールは、私を一度もお宅に呼んでくれたことはない。私が彼の家に行ったら、これも私のもの、あれも私のものと言われるのが困る、とグントールが言っていると聞いたことがある。嘆かわしく寂しいことである。

その頃私は、ＰＴイムコアという会社を設立し、タムリン通りのグドゥン・ジャヤというビルの中に事務所を開いて、従業員を多いときは十八人ほど使っていた。ビルの上の階には、日本揮発油（日揮、またの名をＪ・Ｇ・Ｃ）という日本で最高のエンジニアリング・カンパニーが入っていて、この会社には大変お世話になった。

ＰＴイムコアの業務内容は、幾つかの会社のエージェントである。たとえば、フジュロールというフランスの建築会社、ドラガドスというスペインの建設会社、エニというイタリアの国営の重機サプライ会社、ヌオボ・ピヨーネ、フォスター・ウィラーという英米のエンジニアリング会社などだ。

当時、スハルト一族の息のかかった会社でないと、インドネシアで事業をすることは本当に難しかった。たとえば国営石油会社プルタミナと仕事をしようと思えば、会社の取引会社としてレジスターし、審査を受けなければならないが、その際に、祖父母の名前からその教育程度、宗教、支持する政治団体まで書かなくてはならない。結局、スハルト政権系のゴルカル支持者でなくては受け入れてもらえないしくみだった。スハルトの時代には、権力の座を保つために、ＫＴＰ（住民登録ＩＤカード）にも厳しく、共産圏の国以上に国民をコントロールしていたのだ。

私も仕事をしていくためにはプライドを抑え、かつて自分の配下だった人にも頭を下げ、屈辱に耐えなければならなかった。初めから冷ややかな人もいれば、懐かしく思ってくださる方も、怖気づく方もいた。何とか助けたいと思ってくださる方でも、私を応援することは反政府的と見なされるので怖気づいてしまうのだ。

温かく協力してくださったのは日本の会社の方たちだった。三井（物産）、東棉、日商岩井、日揮、新日鉄、川崎重工業、日本工営、パシフィックコンサルタンツ、大成・鹿島・竹中・熊谷・飛島・五洋建設などと一緒に私は仕事をした。前述のように特にお世話になったのは日揮だった。

一方、ほとんどお付き合いの機会がなかったのは、三菱商事、伊藤忠、丸紅、清水などである。

ともかく、あの頃のインドネシアのビジネスは、ほとんどスハルト一族の息がかかっていて、タムリン通り、スディルマン通り、ガトット・スブロト通りといった目抜き通りの両サイドの高層ビルも、ほとんどが一族のものであった。国民の分野である蘭の花の栽培権までイヴ・ティン（スハルト夫人）が握り、真珠から鰐の養殖権まで取り上げていた。国家の財産は次から次へとスハルト・ファミリーによって略奪されていった。

ホテル・ボロブドゥールは国営だったのに、いつのまにか私営に変えられ、ホテル・インドネシアの道路を隔てた向かい側にあった、パタ・コンフレンスのために建てたアソカ・ホテルを、バンバン（スハルトの次男）が取り上げて、グランド・ハイアット・ジャカルタにしてしまった。

また、スカルノ大統領が、セナヤン競技場近くに、各地方の特徴を表した産品の輸出振興のために名産品を集めて巨大なエキスポを開くという国家的事業計画のために準備し、整地していた土地を、退役軍人たちの会「ヤヤサン・ヴェテラン」が取り上げ、ゴルフ場を作り、スハルトの盟友のイブヌ・ストオが乗っ取りヒルトン・ホテルを建ててしまった。ヒルトン・ホテルのなかに「日本閣」というレストランがあるが、日本レストランでありながら、その裏にはバリ式の門があった。あのあたりはバリ館になる予定で、スカルノ大統領がすでに建設を始めていたからだ。残った広大な土地は、ジャカルタでも有数のショッピング・モールとなった。カバヨランにあった広大な土地を持つ大蔵省造幣所は今やバンバンによってダルマワンサ・ホテルになっている。

一番腹が立つのは、インドネシアが貧しくとも誇りをもって保持していたシンガポールのオーチャード通りにあったインドネシア大使館の土地を取り上げ、国会を通さず勝手に（スハルトの長男の）シギットがアラブ系のフィナンシューに売り、そこに高層ビルが建ち、一階には伊勢丹のデパートが入り、オフィス・ビルになったことだ。現在のインドネシア大使館はつまらぬところにある。ニューヨークのインドネシア大使館が、マディソン・アヴェニューの五十四丁目に瀟洒なビルを所有していたのだが、これもスハルト政権によって売られてしまい、いま大使は田舎に住んでいる。これだけではない。スカルノ政権の借金は二十二年間でたった二億ドルだったのに、スハルト政権になってわずか数年間に八十億ドルとなり、そのほとんどがスハルト家とその縁者、取り巻きによって使われたのだった。

スカルノの時代に、オイルは一バレル、一ドル三十セント前後だったのが、スハルト政権になってから一バレル、二十九ドルまで上がり、その後も上昇し続けた。スハルトの家族とその取り巻き、主に華僑系のビジネスマンたちは国家財産を私物化し、ありとあらゆる国家プロジェクトは彼らの手に渡っていき、その後三十三年間、スハルトは権力をほしいままにし、富を謳歌したのだった。

富をむさぼる暴挙だけではない。末っ子のトミーは、麻薬を取引していた二人のアメリカ人にカネを支払いたくないとなると、人をまわして中部ジャワで行方不明にさせ、気に食わない学友を事故に見せかけてスディルマン通りで殺害したなどという噂が流れた。果てはシャフィウディン・カルタサスミタ最高裁判所判事を射殺し、この罪で最終的に牢獄に入れられたのだが、同じ牢獄に父の親友であったボブ・ハッサンが汚職の罪で囚われていた。二人は冷房付きの住居を与えられるなど、相当優遇されていたようである。

スカルノ一族のその後

私とハルティニ夫人との関係は、表向きはとても良かった。私は、大きな恋愛を体験した後にインドネシアへ帰ってきた以上、スカルノの未亡人として暮らすことを決意していたのだが、彼女は、「あなたはまだ若いし、美しいのだから」と言って、しきりに再婚を勧めた。私がパリにいるあいだはとても親密だったのだが、やはり彼女にとって、ジャカルタに二人の未亡人がいるという状況は歓迎できるものではなく、それが次第に我慢ならなくなっていったようだった。

再婚を勧められただけでなく、目に見えないところで何かと意地悪をされた。それは一九六〇年代に受けた陰湿な迫害を思い起こさせるものだった。

レセプションで同席したとき、私が彼女に挨拶しようとしても、つんとして、私が目に入らなかったかのように無視する。しかもご自分がメインテーブルにつかないと承知しない。当時ジャカルタ地区の軍司令官だったサソノ将軍夫妻がボゴールに沢山の見事な猛獣を飼っておられ、ジャカルタの大使夫人などを招待してレディース・ランチを催したことがあった。そのときハルティニ夫人も私も呼ばれた。彼女は人前では私に優しく、互いの両頬をすりあわせキスしながら挨拶をするのだが、周辺にいた大使夫人たちの視線が一種独特だった。ハルティニ夫人が、あらかじめ私について、どんなことを吹き込んでいたのだろうと嫌な感じがした。

私が一番傷ついたのは、シアヌーク殿下ご夫妻がジャカルタにいらしたとき、スカルノ家の人たちに会いたいと言われて皆が一緒に会いに行ったのに、カリナと私には声をかけていただけなかったことだ。シアヌーク殿下ご自身、かつて複数の妻を持ち、大勢のお子様をお持ちだったのだが、二人の未亡人が同席するのがまずいのであれば、せめてカリナだけでも声をかけてくだされればよいものを、当時家族を代表していた彼女とグントールはこのことをひた隠しにした。その前日はグントールのお誕生日で、兄姉が皆集まっていたにもかかわらず、その場にいたカリナには知らされなかった。ハルティニはスカルノとは関係のない五人の連れ子まで連れて行ったのに、大統領の実子であるカリナを呼んでくれなかったのである。そしてグントールもメガワティもそのことに知らん顔をした。

私はカリナが家族の中に入っていけるよう、ずいぶん気を使った。マンダリン・ホテルにいた頃、グントール以下、兄弟姉妹全員に来てもらい、父の死後初めて再会の場をつくろうとしたのだが、カリナは怖がり会いたくないと駄々をこね、隣のベッドルームから出てこなくて、私は困って気絶しそうになったこともあった。その場の空気を察してメガワティたちは、「また来るわ」と言って帰って行った。だが、それもこの頃になると、すっかり打ちとけて兄姉仲良くしていたのだった。

ハルティニは、ギナンジャール氏（副官房長官）をはじめ各方面に頼み込んで、大統領とのあいだに生まれた二番目の息子バユを、官房長官事務所（セクネグ）という、大統領の職務のお膳立てをする機関に就職させた。国民にもっとも恐れられているオフィスだ。

そしてスハルトの信頼の厚かったスダルモノ官房長官に取り入って、私を封じ込めるかのごとく、ハッタ元副大統領夫人、アダム・マリク元副大統領夫人と三人で会社を作った。「インドネシア独立の三人の英雄の未亡人」を看板にして、自分たちの立場の強化と権利の主張、そして生活の保証のため、政府に仕事をねだったのだった。それまでハルティニはハッタ夫人やマリク夫人と親しくなく、ハッタ夫人はむしろファトマワティ夫人と親しい間柄であった。

さらに彼女は、プロクラマシ通りに土地を買って家を建てた。ここはかつて独立の頃にスカルノ大統領が住み、独立宣言の場となったプガンサン・チムール通りを改称したもので、そこには、スカルノ・ハッタ像が立つ独立宣言記念公園もある。この由緒ある通りに住んだことの戦略的な意味は重要だ。ファトマワティが亡くなったとき、彼女は英雄墓地に葬られたが、ハルティニはその斜め前に自分のお墓を用意した。今彼女もそこに入っている。

当時としては華麗な結婚式を挙げて、日本の血を引く女性と結婚したハルティニの息子タウファンは、結婚後まもなく留学したカリフォルニアで、大学卒業を目の前にして癌が見つかり、余命三カ月と診断された。政府は彼のために特別機を用意し、彼は直ちに帰国して母の許に戻った。私はこのハンサムで、気立てのいい好青年が好きだった。

タウファンを見舞ったとき、彼はふくらんだお腹を指さし、苦しいことを私に訴えた。皆の祈りも空しく、彼はちょうど三カ月目に亡くなった。ハルティニが溺愛した自慢の息子だった。葬儀には私も出席した。若くして未亡人になったレヴァナに、私は「どうして子供をつくっておかなかったの、残念ね」と言った。

大統領の一千日の法要で私がインドネシアへ戻ったとき、メガワティと一緒にブリタルへ行ったりして、私は彼女とは大変親密にしていた。夫タウフィック・ケマス（現国会議長）と家族同伴でパリにいた私とカリナを訪ねてきたこともあった。ヨーロッパの政情を勉強するための旅行と言ったが、後年、大統領選に出馬し、見事第五代インドネシア共和国大統領になるとは、そのとき私は想像だにしなかった。ただ後述するように、私が写真集を出したことから、それがしこりとなり関係は悪化した。

スハルト時代、民主主義は見せかけだけの選挙を五年に一回ずつ行っていた。あの頃はスカルノ一家も兄弟姉妹が仲良くしており、兄弟のなかで誰かが政治家になるときは皆で話し合って決めようという約束をしていたそうだ。しかし、メガワティが皆に相談しないで野党の闘争民主党をつくり、そこから出馬したことにラッハマワティが失望し、それ以後、二人の関係にひびが入ってしまったようだった。

ラッハマワティは一九八二年から、スカルノ大学を創設しようとしていたが、スハルト政府が許可を下ろさず、当時迫害され、大変苦労していた。しかし、一九九九年にジャカルタのチキニにスカルノ大学を設立し、今年十一年目には九メートルあるスカルノ大統領の立像が建立され、八月十七日の独立記念日にその式典が行われ、私も東京から駆けつけた。

インドネシアで過ごしていた頃、ある程度は日本大使館との関係もあって、新年の祝賀会や天皇誕生日のレセプションに、大使から公邸招待を受けたような気がするが、出席したという思い出がない。しかし、私は外国の大使のレセプションには引っ張りだこだった。

この時期、大統領未亡人としての年金を受けるようになっていたが、一九八〇年代のインドネシアでの生活は幸せなものではなかった。

一度はカリナにインドネシアの生活を体験させ、インドネシア語も覚えさせて、異母兄姉と親密な関係を築くのが私の義務だと思って頑張っていたが、スハルト政権絶頂期の中で働くことはつらいことが多く、ともすれば挫けそうになった。初めの数年は久しぶりに戻ったインドネシアで新しい友人も沢山でき、思い出に残る楽しい日々を過ごすことがあったが、大統領亡きあとのジャカルタは根本的に違っていた。

いやなことの多い年月が十年近く過ぎた頃、私は逃げ出すことばかりを考えていた。出発の日が来るのを指折り数えるようになっていた。カリナがボストン留学に行ってしまってからは、彼女の卒業の日を数えて、ニューヨークで落ち合うことを夢見る日が続いた。

しかし私は、味方が一人もいないスハルト政権下で、私の力と真価を見せるべく働き、数年後にはメンテンのスムバワ通りに大きな白亜の家を建て、私がスターのような暮らしができるのは、スカルノの遺産のおかげと思っている人たちに、実力を示すことができた。

失われた不動産

私は、一九九五年から、政変でうやむやになっていた不動産の権利を取り返すための訴訟の準備を展開した。政変前に大病院を建てるために用意していた土地の所有権をめぐる争いである。サリ・アシという大病院を作ろうと思って広い土地を用意し、日本医師会の武見太郎氏のご指導のもとに鹿島建設が青写真を作り、日本からのローンも決まっていたが、政変にあいプランは消えてしまった。このことは前に書いた。

ちなみに、一九六六年一月に調印された救急病院建設のための日本政府との円クレジットの約束も、スカルノ大統領が失脚すると同時に、いとも簡単に取り消されてしまい、施工会社に予定されていた鹿島建設は損害を蒙った。

病院用の土地はいつの間にかトニー・ウィナタという男が偽の証書を作成して、インドネシア政府に六億ドルで売却された。一国の大蔵大臣がそのように莫大な費用を自由にできるはずがなく、スハルト大統領の許可は当然あったと見るべきであろう。この土地は現在トニー・ウィナタに渡ってしまい、いま私は所有権を訴えて裁判を起こして争っている。

病院建設が中断してからあの土地の一部を、フセイン・カルタサスミタ（インドネシア日本友好協会会長）に請われて、息子のギナンジャールが学長をつとめる同協会、プルサハバタン・インドネシア・ジュパンの日本語学院（プルサダ）に貸していた。私がインドネシアに戻って仕事をしていた一九八〇年代初期、まだスウィルヨ通りに住んでいたとき、フセインの甥のインドラ・カルタサスミタ（国営石油会社プルタミナの外交部長）が来て「土地の権利書はありますか」というので、ヤソオ宮殿に置いてあったが今は行方不明のため、「ない」と答えると、「探してみるから委任状をください」と言った。

だが、委任状を渡したが最後、彼は二度と現れず、何の報告もなく、いつのまにか土地は、退役軍人財団を後ろ盾にした華僑系のトニー・ウィナタのものとなり、政府に売られてしまってい た。彼は私の留守中、勝手に住みついてしまったホームレスたちに立ち退き料を払って、偽の新しいサーティフィケート（土地の登記書）を作成したのだ。政府がトニー・ウィナタに支払った額は六億ドルであり、当時一ドルを百二十五円として、何と七百五十億円となる。

大蔵省にそれほど高額の支出を許可できるのは、スハルト大統領以外にはいないはずだった。その後、バブル時に大蔵省がどうしたのか知らないが、証券取引所が建設され、リッツ・カールトン・ホテルが建ち、新しい道路もでき、あの一帯はまったく新しい地域に変貌してしまった。

プルサダは、「売った」というわけにはいかないので、同じ価値の土地と等価交換したということだが、当時権勢を誇った官房副長官のギナンジャール氏と従兄弟のインドラ氏、トニー・ウィナタと退役軍人財団、そしてスハルト・ファミリーたちが笑いのとまらない利益を山分けしたに相違あるまい。一九九六年から今に至るまで、この件で係争中である。この係争保持のための私の散財は大変なものである。

ジャカルタの有力弁護士は、いずれも私のケースを引き受けることを拒否した。彼らは皆、インドネシアを代表する大会社、それらは全てスハルト系か時の権力者の顧問弁護士をしており、「利益相反」が拒否の理由であった。係争がこれほど長引いているのは、軍やスハルトとは全然関係のない人権派の女性弁護士（ヌルシャハバニ・カチャスンケナ女史）を代理人に立てたのだが、彼女は国会議員でもあって忙しいことと、いまだに時の権力者の方が法律より強く、私の場合トニー・ウィナタとメガワティが親密ということもあった。

サリ・アシ病院財団は、私のパートナーであった元厚生大臣のシャリフ・タエブ氏がやはり私の名前があると政府系に没収されることを恐れ、一九六九年頃、私と連絡のとれぬまま、私の許可なくカソリック系のアドベン財団に病院を建設することを委ねたが、結局、資金が調達できずに困っていたところ、一九九五年に前述の偽の証書をもって詐取されたのである。

また、次の一件もある。

一九六〇年代の中頃に、大統領がその当時の建設大臣デヴィッド・チェン氏、スマトラのCTC国営貿易会社社長のアズワル氏と私の三人で経営するようにと、トリ・サトリア（「三人の騎士」という意味）という会社を作ってくださった。中部ジャワの大理石発掘とテラゾータイル（人造大理石）を製造する会社だった。せっかくインドネシアに大理石が出るのだから、そういった天然資源を開発して外貨を獲得するようにという意図であった。さらに大理石を切るときに出る小さなチップを捨てないで、それを使ってタイルを作るのである。

政変後、私の名義だとわかった場合、この会社が接収される危険があったので、「なでしこ会」でその頃親しくしていた日本人女性のファティマ・スギヨに委任状を書いて渡しておいたところ、彼女の夫が私の留守中にタイル工場からトヨタの部品工場に変えてしまっていた。トヨタ本社自身はウィリアム・スルヤジャヤ氏という華僑系の大富豪のもので、トヨタその他のインドネシアにおける車の半分以上を生産していた。令息のエドウィン・スルヤジャヤ氏が、「土地はあなたのものだから」と言ってくださったのだが、私の留守中この委任状があだとなり、スギヨが合法的に乗っ取ってしまっていた。

デヴィッド・チェン氏は、政変後危険にさらされた中国系だったので亡命した。彼の妻はニューヨークに留学中だったが、そこで殺害されるという悲劇が起こり、チェン氏はそのままお子さんを連れてハワイに行ったきり戻ってこなかった。

三井は、私が受け取るはずであったタンカー受注時の残りのコミッション（本来は「革命資金《ダナ・レボルシ》」として残るはずのものだったが）を現金で香港に置いて、イブヌ・ストオに手渡したということだった。そのお金でヒルトン・ホテルが建ったのはいうまでもない。

当時、私が唯一取り戻すことに成功したのは、チパユン山岳のウィスマ・マサのみであった。これも権利書を失っていたので、権利書を再作成することから始まり、当時ウィスマ・マサを占領、使用していた軍の秘密情報局のオマル・ダニ将軍の許可をとりつけ、何回もインドネシアとのあいだを往き来して、やっと奪回することができたのだった。

オマル・ダニ将軍は「泣く子も黙る」というほど恐れられた存在であった。私はインドネシアへ戻って間もなく、仕事関係で出会ったペルタミナ石油会社きってのプレイボーイ、プジャディ・スカルノと恋に落ちた。彼は既婚者であり、二人の子供の父でもあった。ジャカルタには素敵な外国のハンサム・ボーイは沢山いたが、しかしこの際立ってスマートなプジャディと意気投合してしまったのだ。

だが、インドネシア初代大統領夫人である私と既婚者であるペルタミナの花形スターの交際が世間に認められるわけもなく、私たちはひそかに逢瀬を重ねねばならなかった。私たちにとって、ジャカルタを離れるときだけ、天にも舞う気持ちでいた。しかし軍の情報局の知るところとなり、私たちは別々に呼ばれ、「注意」を受けた。二人にとって命を賭けた恋であった。「見つかる」という恐怖のもとで会う私たちはいやが応にも燃えていった。つらい十年のインドネシア時代の随一の悦びであった。

第9章　ニューヨーク時代

親子水入らずを夢見たが

待ちに待っていたカリナの大学卒業を前にして、いよいよ私はニューヨークへ旅立った。念願の新たな生活を二人でスタートさせるためである。

前章で述べたように、カリナは乳母の東が引退した後、高校時代の大半をノルマンディの寄宿舎で過ごし、一時期ジャカルタで私と住み、インターナショナル・スクールに通ったものの、高校を卒業するとボストンの大学へ行ってしまったので、ゆっくり一緒に暮らす機会がなかった。

カリナが卒業したら、ニューヨークで親子水入らずの夢の生活をしようと計画し、そのために歯を食いしばって猛烈に働いてお金を貯めていたのだ。スカルノの遺産で贅沢な生活をしているというイメージを払拭するためにも、自分の力で頑張っているところをインドネシアの人たちに知ってもらいたいと思って、それはそれは一生懸命働いたのだった。

この間、スハルト政権下にあっては、彼の一族と組まずにビジネスをすることが、いかに大変なことかを痛感せざるを得なかった。

あるとき、こんなことがあった。ロバート・ケネディの遺児マイケル・ケネディがボストンのご自分のエネルギー団体のNPOのため、インドネシアにお仕事にいらっしゃった。ケネディ氏が組む相手は、私より権力のあるスハルトの次男バンバン氏とバークリー兄弟ではないかと信じ、私は三者のミーティングをアレンジした。バンバン氏とバークリーはケネディの名前を聞いて喜んで馳せ参じた。しかし、紹介者が私と知ると顔を見合わせ、沈黙が続いたそうである。そしてこの話は流れ、私はエセル・ケネディに合わせる顔を失くした。

いやなことはまだまだあった。ジャカルタにいる限り、私にはプライベート・ライフの喜びは一切なかった。最後の頃は一刻も早くインドネシアを離れたいと思い、カリナが大学を卒業する日を指折り数えて辛抱し、待っていたのだった。

ニューヨークにやって来た私は、パーク・アヴェニューと五十七丁目の角にあるリッツ・タワー（元リッツ・カールトン）という「コーポレーション」の十九階を購入した。道路を隔てた向かい側にフォーシーズンズ・ホテルがあり、当時、新日鉄とEIEが出資していた。新日鉄とはインドネシア時代から一緒に仕事をしていた関係があったので、カリナが大学でインターナショナル・リレーションを勉強し、四カ国語を流暢に話せるのでパブリック・リレーションの仕事ができればいいと思って、お膳立てして待っていたのだ。

「グレート・ギャツビー」の仮装ピクニック。左から、アンジャ・ロペス夫人。１人おいてエリエッテ・カラヤン夫人。サントロペの友人別荘にて。

アラン・ドロンと。楽しい語らい、ふたりだけの秘密。パリ、マキシムにて。

カトリーヌ・ドヌーヴと。ドヌーヴ宅にて。
ドレス / クリスチャン・ディオール

シルヴィア・クリステルと。
シャネルのサロンにて。
ドレス/シャネル

フランスバレエ界のプリマドンナ、リュドミラ・チェリーナと。1970年代　ドレス/ロリス・アザロ　帽子/ポーレット

左からエセル・ケネディ夫人、私、カリナ、ジョー・ケネディ議員と。マサチューセッツ、ハイアネスの海上にて。1987年

マーガレット・サッチャー英首相と。ジャカルタ、マンダリンにて。1980 年代

ミハイル・ゴルバチョフ元ソ連大統領とライザ夫人。緑十字憲章構想を発表した
「グローバル・フォーラム 1993」。京都国際会議場にて。1993 年 4 月 19 日

サルバドール・ダリと。ドレス/ジャン・ルイ・シェレル

左、エスティ・ローダーと。モンテ・カルロにて。
ドレス/イヴ・サンローラン

左から 佐藤寛子首相夫人、私、カリナ、森英恵。

ウイーン国立歌劇場、オペラ舞踏会。 ドレス/ギ・ラロシュ

婚約者フランシスコ・パエサと。
ウイーン国立歌劇場、オペラ舞踏会にて。

スイス、ア・ラ・ハダ荘での パーティにて。
後方、イタリアのヴィクトル・エマヌエル・ド・サボイ殿下。

カリナと私のポートレート

ドレス/マダム・グレ

ドレス/イブ・サンローラン

ヴァレンチノと。シャンゼリゼ劇場にて。
ドレス/ピエール・カルダン

ジュネーブ近郊のフランス領、バーニー・コンフェルドの居城にて。乗馬服 / ピエール・カルダン

元ビートルズの
リンゴ・スターと。
ロンドンにて。

クウェートのムバラク・
アル・サバ殿下と。
パリ、マキシムにて。
ドレス/君島一郎

めくるめく愛に包まれて。エルゼア・ド・サブラン・ポントベス公爵と。明治神宮にて。ドレス/チェルッティ

笹沢左保夫妻と。ドレス／マダム・グレ

うたかたの恋、津川雅彦と。

色々と大変お世話になった美輪明宏と。
銀座、勝新太郎の店「秀」のオープニング・パーティで。
ドレス／イブ・サンローラン

生涯で最も平穏な日々。婚約者フランシスコ・パエサと。ア・ラ・ハダ荘。スイス、グランにて。1970 年代初期

ジャカルタの政変も忘れて。メジューブのスキー場にて。ベビー・フアエと中野美瑛子も。1966 年 2 月

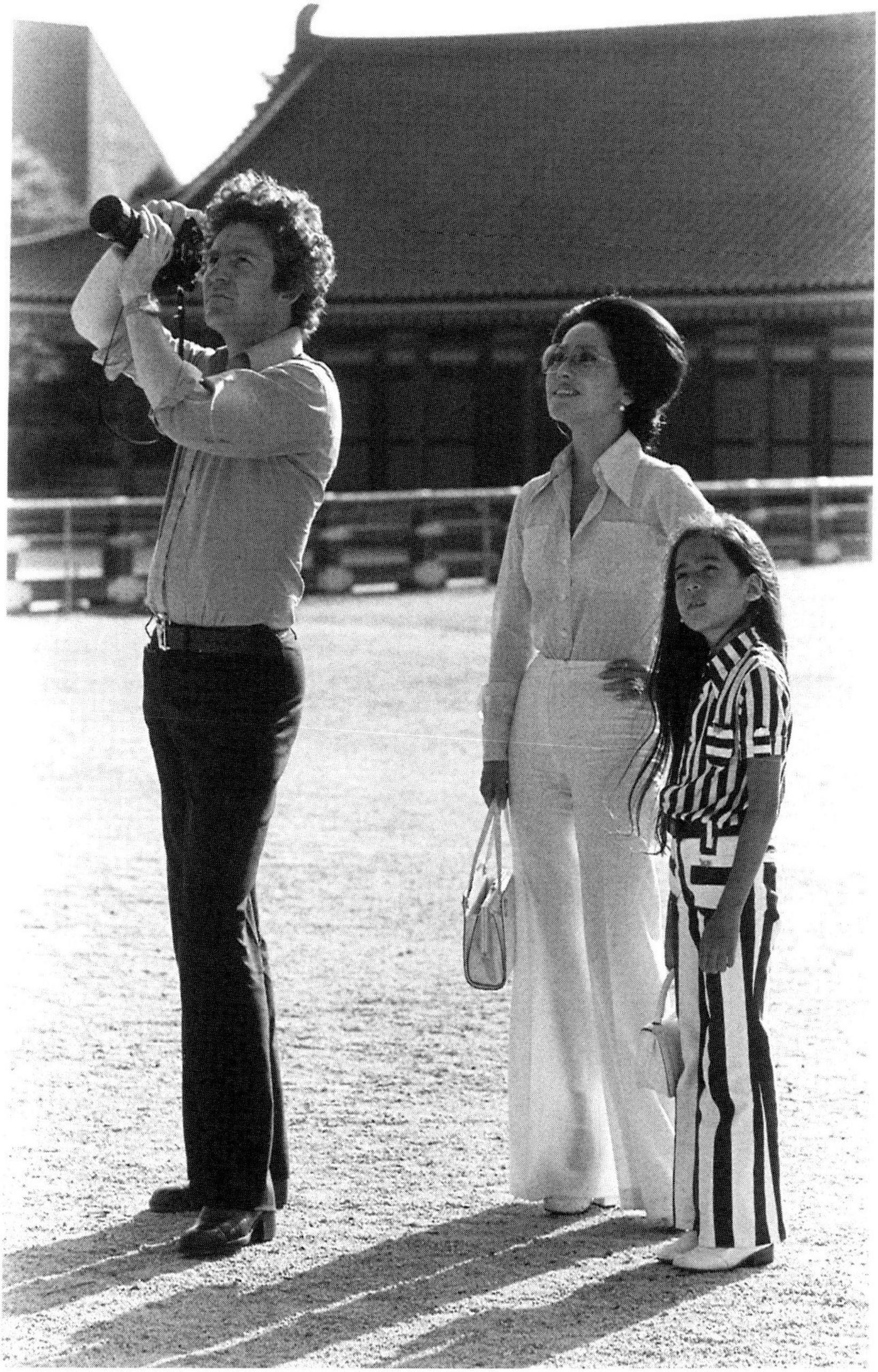
楽しい想い出。英女王従弟、パトリック・ザ・アール・オブ・リッチフィールド伯爵と。京都、平安神宮にて。

三笠宮崇仁親王殿下と。「三笠宮杯」競技ダンス会場にて。
2009 年

左から島津貴子 元清宮貴子内親王殿下と。ホテルオークラ。
スーツ／ジャン・ルイ・シェレル

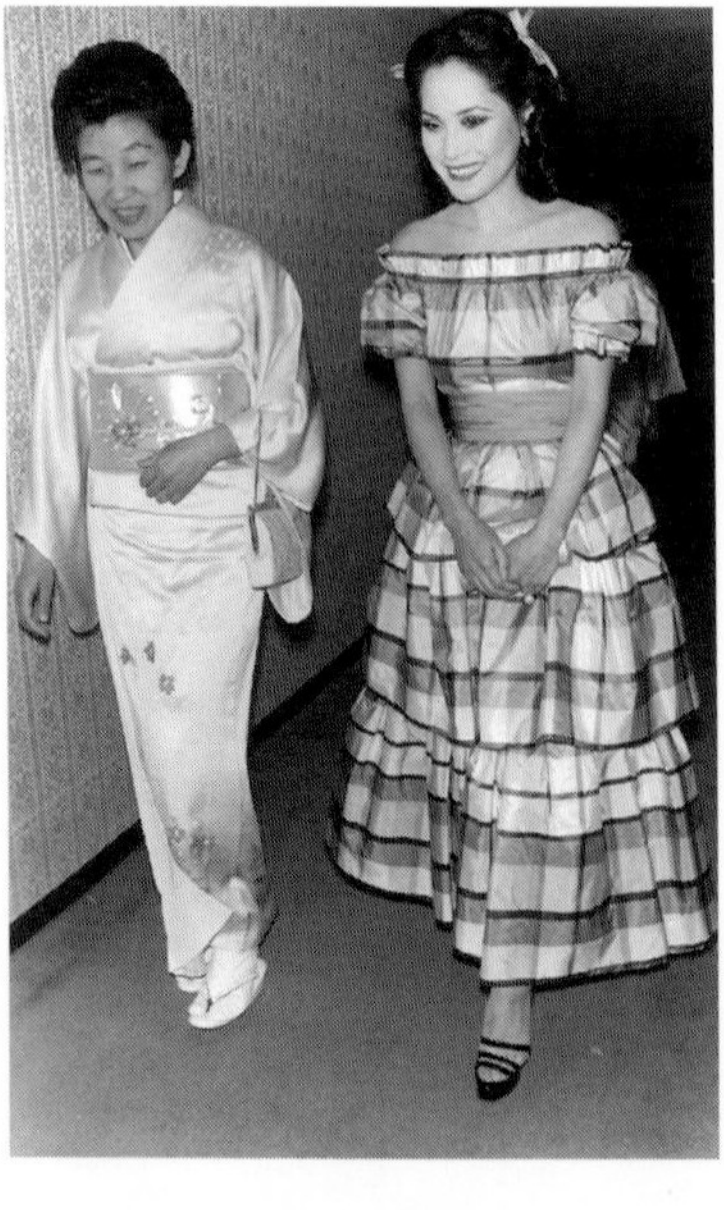

池田厚子 元順宮厚子内親王殿下と。東京プリンスホテル。
ドレス /ギ·ラロシュ

日本·インドネシア交流
五十周年記念パーティにて
帝国ホテル、東京。
2008 年
秋篠宮文仁親王殿下と。

秋篠宮文仁親王妃紀子殿

左からグントール夫人、メガワティ・インドネシア第五代大統領、カリナ、グントール・スカルノ(長男)。インドネシアの自宅にて。

ジャカルタで私が新築した白亜の邸宅正面。カリナとフィリップ・コロナ。1980年

ジャカルタの邸宅で。

ジャカルタの邸宅の中庭。

エドワード・ケネディ米国上院議員と。
エキスクルシーブ・クラブ"21"にて。
ニューヨーク。

ギリシャの コンスタンチン国王とアンヌ・マリー王妃と。

ニューヨーク、リッツ・タワーの邸宅。

第13回 深水流舞踊の会、
「萩と月」を舞う。
歌舞伎座にて。
2008年9月27日。

第11回 深水流舞踊の会、創流20周年記念。
「雁金」を舞う。歌舞伎座にて。
2006年8月27日

パキスタン、カシミール地方の 大地震の見舞品。2256 枚の毛布。3500 人分の防寒着を 寄贈。
辺境に作られたキャンプで 毛布を一人一人に手渡す。2005 年 12 月 30 日〜2006 年 1 月 7 日

被災者のテントを視察。
パキスタンの赤月社の方の説明を受ける私と、
クゥエートのシェイク・アル・バージェス閣下。

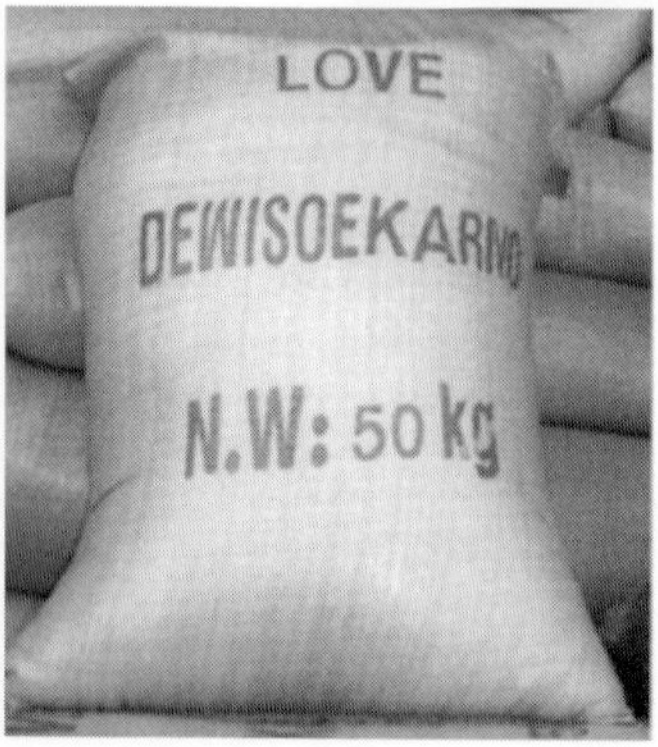

NGOアースエイドソサエティの活動

北朝鮮の赤十字社に 寄贈した精米の各 50kg の袋には
「愛をこめて　デヴィ・スカルノ」とある。

北朝鮮の 赤十字社に精米 120 トンを寄贈。調印式にのぞむ私。2005 年 10 月 21 日~25 日

朝鮮赤十字会に 目録進呈。左端、北朝鮮赤十字代表、中央は インドネシア大使、バンバン氏　右、五味武会長。

金日成生誕 95 周年　金日成花・金正日花　祭典出席　名誉委員長、レディ、デヴィ・スカルノ。
故 金日成主席の肖像画の前で。インドネシア大使 他。平壌。2007 年 4 月 11 日（水）〜14 日（土）

国民会議副議長、カン氏と。
花連盟名誉委員長 デヴィ・スカルノ。

金泳三元大統領と。大韓赤十字特別会員 有功勲章授賞式のあと。

インペリアル・ビザンチン・チャリティ舞踏会。
左からサルバトーレ・ムルティサンティ(イブラ財団創設者)、レディ・ナンシー・ショパード、プリンセス・フランソワーズ妃殿下、プリンス・アンリ・コンスタンチン・パレオロゴ殿下、私、マドレーヌ、能楽師 梅若猶彦。目黒雅叙園にて。2003年10月14日

第11回 イブラ・グランド・プライズ記念　チャリティーコンサート。
東京オペラシティ、コンサートホール：タケミツ メモリアル。2002年3月25日

「東洋の真珠」と讃えられたパリ社交界時代。

ところが、卒業したらすぐにニューヨークへ来ると思っていたカリナは、ドイツのプリンセス、ヌシー・フォン・フォステンバークという親友と、これからもボストンの素敵なマンションを借りて住むという。

私は落胆のあまり病気になりそうだった。自分の運命が信じられなかった。私は理由がわからず、煩悶した。私は送金しつづけ、惜しみなく素敵なものを贈り、そして彼女を「自由」にさせるだけの人間にすぎず、母親としての喜びも叶えられないのか……。私はマンションの家賃以外の送金を止めた。

しかも、その後一年近くボストンにいた彼女は、その間に勝手に日本へ行っていたのである。ある日、日本の友人に電話をすると、「カリナちゃんは日本へ来ているわよ。空港で取材を受けて、ママのことを聞かれて涙ぐんでいたわ」という。あとでわかったことだが、小学館の川岸聡美という女性記者がアレンジしたようだった。この人は私と同い年だが、小学館『女性セブン』の記者で、カリナが生まれる前から「デヴィ番」だった。彼女は東とも家族のように親しくなっていたこともあり、私の知らないところでカリナとも親密にしていたのだった。

いったい私は何のために、ジャカルタであんなにつらい思いをして働いてきたのだろうと、あまりに悲しくて胸がうずいた。いったい何が問題でこういうことになったのか、私にはまったく見当もつかず理解できなかった。後に想像するのに、娘には好きな人ができてボストンに残り、その人を追うように日本へ行ったのではないか。結局カリナは、川岸さんの紹介で、皮肉にも大宅壮一氏のお嬢さんである大宅映子さんのところで四年間お世話になり、ご主人のオフィスで働いていたようだ。だが、私はいまだに詳しいことは知らないでいる。

パーク・アヴェニューのコープ

リッツ・タワーはホテル・サービスのあるマンションだったが、部屋はテラスに囲まれた大きなスウィートだった。やがて、それを売って、同じパーク・アヴェニューのもう少し上、六十二丁目のランド・マーク・ビル（指定文化財ビル）というコーポレーションに移った。

そこは、フィリピンのイメルダ・マルコスが、ハリウッド・スターのジョージ・ハミルトンに買ってあげたものである。

アメリカには、お金さえ出せば誰もが買えるコンドミニアムと呼ばれる集合住宅のほかに、コーポレーション（コープ）といって、そこの居住者たちからなる理事会がさまざまな審査をし、入居を認められないと購入できない住居とがある。コンドミニアムは壁から壁までを買うのだが、コープは、そのビルのシェアホルダー（株主）という形で株を買うことになる。そこに入居するには社会的地位のある方五人の推薦を受けたうえで、プライム銀行など三行の推薦状またはバランス・シートを提出し、社会的地位、教育、職業、納税金額、経済力などを総合的に審査してようやくＯＫが出る。

お金があっても、政治家やショー・ビジネスの人は認めてもらえず（彼らの多くはニューヨークのウェスト・サイドに住んでいる)、入居できない。カメラマンたちが来たり、治安が悪くなったりと、他の居住者に迷惑がかかるからである。ニューヨークの人は、どのビルとどのビルがコープなのかよく知っており、通り名と番地を見れば、それがコープなのかコンドミニアムなのかわかるのである。コープに住んでいること自体が名刺代わりになるのだ。

私のコープには、ドアマンが四人、エレベーターマン三人、さらに管理人の上にハンディマン二人がいて、それらの人件費だけでも大変なものだ。それを居住者十九人で分けるのだから、一人当たりの月々の負担も大きい。他人に貸すことは禁止で、友人が泊まるときも届けを出さなければならない。しかし、絶対的な治安を得ている代償と思えばよい。私は日本に住むようになった今現在も、このコープを所有し続けている。

「O《オー》ビザ」を取得

アメリカでは、滞在許可の問題でずいぶん苦労した。私はインドネシアのサービス・パスポート(公用旅券)を所有しているが、日本や韓国やフィリピンなどのアメリカの同盟国と違って、インドネシアは「最友好国」の扱いをされていないためだ。ビザの手続きのために、イミグレーション(移民)専門の弁護士を使って莫大なお金を払わなければならないこともある。

私の場合、弁護士さんの奮闘のおかげで「O《オー》ビザ」を取得した。それは「アウト・スタンディング(傑出した、著名な)」という意味で、栄誉あるビザだった。一回の滞在は三カ月以内と限られたが、五年間は出入りが自由というマルチプル・リエントリー・ビザで、何度も出入国できた。だいたい三カ月に一度くらいは、外国旅行をしたり、日本やフランスへ行く用事があったので、ほとんどそれで不自由なかった。

ニューヨークでは、毎日の通いのお手伝いと、週に二回来てくれるアメリカ人の秘書がいた。食事は自分で作ることはなく、ほとんどがお呼ばれや外食だった。簡単な食べものはお手伝いが作ってくれた。

この六十二丁目のコープはとても便利なところにあり、その周辺で何でも揃った。美しいブティックや店はいうまでもなく、薬屋からランドリー、グロッセリーがあって、お肉から果物、お野菜からお花まで揃う。お人形さんの病院まであった。買い物はほとんど自分でして、お魚の美味しい店があると聞けばそこまで足をのばし、キャビアを買った。

コカコーラ、ハンバーガーに代表される純アメリカ的なアメリカ文化はどうしても好きになれなくて、ニューヨーク時代の私は、パリ時代の名残もあって、ヨーロッパ系の方々とのお付き合いが多かった。

インドネシアのコミュニティとのお付き合いはあまりなかったが、何か行事があれば、ニューヨーク駐在のインドネシアの国連大使のところに招かれて行ったりしていた。パリにいた頃は政変直後だったこともあって、パスポートを大使館に取り上げられたあげくに、戻されてからも三カ月ごとの更新という厳しい条件が課せられた。大使館との関係も何となくぎこちないものだったが、あれからすでに二十年もたっていたので、こだわりもなく、またアメリカという自由な国のせいもあってか、私はとても歓迎された。

イメルダ夫人とファラ王妃のこと

一九八六年のクーデターで国を追われた元フィリピン大統領夫人のイメルダ・マルコスは、当時アメリカのタバコ産業の大女相続人であり、デューク大学でも有名なドリス・デューク夫人の保護のもと、ハワイで亡命生活を送っていたが、没収された莫大な財産をめぐって、アメリカで政府当局から訴追されて、いくつもの裁判を抱えており、ニューヨークに居住していた。

イメルダ夫人とはずっと以前、彼女がまだ大統領夫人だった頃からの知り合いである。一度私がパリにいる頃、フェルディナンド・マルコス大統領のお誕生日に、マラカニアン宮殿に招かれて行ったことがあった。彼女が絶大な権力を持っていた頃のことである。私は単身だったので、エスコート役として、独身の在マニラ・パキスタン大使をつけてくださった。

晩餐会が終わると、夜中の一時からフル・オーケストラを聞かせる。それが終わって、朝の三時か四時に朝ごはんをいただいてから解散。彼女は世界中のセレブを集めて、そういうことを楽しんでいたのだ。

そのときの彼女の装いは、フィリピンの正式のイブニングドレスで、漆黒の髪に、イアリング、ネックレス、リング、ブレスレットは、すべてブルー・サファイアとダイヤモンドのハリー・ウインストンのセットだった。その次の夜はルビーのセットであった。

私が「素晴らしい宝石をつけていらっしゃいますね」と言うと、エスコート役のパキスタン大使が「僕はここへ赴任して六カ月になりますが、彼女が同じものを繰り返したのを一度も見たことがありません」とささやいた。

ニューヨークにある美しいクラウン・ビルディングをはじめ、四つのビル、多くの巨匠の絵画、スイスにある元金六億ドル、香港にある何トンもの金塊。いったいフィリピンにはどれくらいのお金が降りたのであろう。想像もつかなかった。

彼女の絶大な権限を物語るエピソードがある。私たちゲストがパリに帰るとき、イメルダ夫人が見送りにいらっしゃるというので、空港のＶＩＰルームで待っていたが、いつまでたっても来られない。チャーター機ではないので、やきもきしていたが、出発予定時刻を一時間ほど過ぎてからようやく到着された。皆さんに「さよなら」を言うために、一般乗客が乗る航空機を一時間以上も平気で待たせたのだった。

同じく、一九七九年の革命でイスラム勢力に倒されたイランのパーレビ国王のファラ王妃も、その頃フランスで亡命生活を送っていた。その彼女も非常に大きな富と絶大な権力をもっていた。

イメルダ夫人はニューヨークで、被告人として熾烈な裁判の渦中にあった。裁判中に気絶すること数回、そのたびに救急車で病院に運ばれた。訴状やそれに関する書類は五十畳ぐらいの図書室いっぱいにあった。その彼女が、テキサスの鉄腕弁護士の手によって無罪となった。私はイメルダ・マルコスのために、この長く苦しい裁判で勝利を得たことを祝賀する会を開こうと思った。そして、イメルダ夫人と親しくしており、ちょうどニューヨークに来ていらしたファラ王妃をお招きし、お祝いのパーティーを開いた。クーデターで亡命した三人の元国家元首の未亡人が一堂に会したとしてニュースとなり、ニューヨークの新聞に報道されたものだ。

アスペン事件の真相

私は一九九二年の新年を、コロラド州の有名なスキー場アスペンで迎えた。しかし、そこでとんでもない事件に遭遇するとは思ってもみなかった。

私は、ビクトリア・ゼットニーという友人が借りていた山荘に泊まり、彼女と一緒にスキーを楽しんでいた。同じとき、パリ時代の親友エドモンド・ニューマンから紹介されたミニー・オスメーニャというフィリピン女性がいた。一九三〇年代にアメリカの統治下でできたフィリピンの自治政府（正式独立は一九四七年）の副大統領だった人の孫娘で、カーネーションというミルク会社の社長と結婚したが、莫大な慰謝料を得て離婚したということだった。

彼女は私のポジション・ポピュラリティ（人気）、ライフ・スタイルに大変な嫉妬を感じていたようだ。彼女のそれは私の足元にも及ばなかった。

新年二日目、プリンス・ハインリッヒ・ハナウシャンブルク主宰の、セレブばかりが集まるニュー・イヤー・パーティーでのことだった。

その頃ミニーは毎日のようにビクトリアと口論していた。その日も、私のテーブルに来て、横にいた彼女と、長々と言い合いを始めた。私はうんざりして、「もういい加減に喧嘩をやめなさい」と割って入ると、ミニーは一瞬たじろいだが、立ち去りぎわに非常に侮辱的な捨て台詞を私に投げかけた。喧嘩していた相手にではなく、仲裁に入った私に対してである。

私はそれが許せなくて、飲んでいたシャンパン・グラスを持ったまま彼女のあとを追った。会場はものすごく混み合っていた。人のあいだをすり抜けて彼女のそばまで行き、「何ていうことを言うの」と言ったとき、後ろから押されたのかどうかよくわからないのだが、突然ミニーの頬のあたりにスーッと一筋赤い線ができ、血が一滴したたり落ちたのだ。私の持っていたグラスがぶつかったのかどうか。とにかく私はそれを見てびっくりしてしまった。

何が起こったのかわからず茫然としていると、突然、彼女のボーイ・フレンドら五、六人の男たちが、私の身体をぎゅーぎゅーと羽交い締めにした。皆がものすごい勢いで騒ぎ始め、「ポリス！　ポリス！」と叫んでいる。私はやがてホテルの一室に連行され、警察官の尋問を受けた。

ミニーにはアメリカ人のボーイ・フレンドがいたが、その場で私はひとりであった。投資関係の仕事をしていた彼の取り巻きたちが、その場にいた人たちに、私に不利な証言をするようすばやく動き始めた。タバコの煙がもうもうと立ちこめ、風船が部屋中に飾り付けられ音楽もうるさい会場では、誰もが自分のことに夢中でおしゃべりし、何が起きたのかキチンと目撃していた人など皆無に等しいといっても過言ではなかった。

警察官は「あなたにはミランダの権利がある」と言ったが、私はミランダという法律用語の意味がわからなかった。それは黙秘権（ミランダという被告人の名に因む）の意味だったのだが。

私はそのまま身柄を拘束され、五千ドルの保釈金を支払えば保釈すると言われたが、ドレスを着てパーティーに出かけるときに、そんな現金を持って行く人などいない。喧嘩の張本人だったビクトリア・ゼットニーは姿を消してしまって現れない。電話をしても誰も電話に出ない。途方に暮れているところへ、突然「帰っていいですよ」と告げられ、びっくりした。私は狐につままれたようだった。何が起こったのだろう。

じつは、かつてご自身が無実の罪で連行された苦い経験をもつテキサスのご夫婦が、正義感から保釈金を支払い、私を自由にしてくださったというのだ。見ず知らずの人が、他人のためにお金を出すなどということは、日本ではあり得ないことだ。地獄に仏である。信じられぬ、奇跡のようなことが起こったのだ。事の成り行きを一部始終見ていて、私の無実を知ってくれていたこの方が、警官の車を追い、助けに来てくれたのだそうだ。

そのご夫妻に連れられてビクトリアの山荘に戻り、「ビクトリア、私よ。開けて、開けて」とドアをドンドン叩いたが、なかなか開けてくれない。ようやく開けてくれたが、開ける寸前に、彼女が、不倫の相手であった富豪ロバート・ウェイン氏に電話で、「あの人と一緒にいるのは怖いわ」というのが聞こえた。彼女のために仲裁に入ってこんなことになったのに、と私は怒り心頭に発した。

それを見ていたテキサスのご夫妻が、自分たちの別荘に来るようにと誘ってくださった。お言葉に甘えてその山荘に行き、そこからニューヨークのシンディ・アダムスに電話をして助けを求めた。一九六〇年代にスカルノ自伝を書いた、『ニューヨーク・ポスト』の花形女性記者で、その後もずっと家族付き合いしており、カリナのゴッドマザーでもあった。

ミニーはグラスの破片が頬に突き刺さって、三十八針（美容形成外科で）も縫う怪我をしたという。被害者はフィリピンの自治政府当時の元副大統領の孫娘、加害者はインドネシアの元大統領の妻ということで、ジャーナリズムは騒いだ。そしてジャーナリズムの論調は、日本の攻撃を避けてマッカーサー元帥とともにアメリカに逃げた親米派の父親をもつミニー・オスメーニャに同情的だった。

その翌日、若い、なかなか感じのいい地元の弁護士がやってきた。しかし、この弁護士は最初から私が有罪という前提で話をし、一番軽い刑はこうで、重い刑はこう、というような説明から入った。ショックを受けた私は当然無罪を主張する。シンディの紹介で、ニューヨークの有名な弁護士バーニー・スロトニック氏が来てくれたが、こんな小さい町で起きた、こんな小さな事件の弁護をするにはあまりに場違いで、まずは地元の人たちから総スカンをくった。

そして、本来なら事故として扱われてよい、簡単に解決できる事件だったのだが、ニューヨークの弁護士たちは大がかりで、たいへん費用のかかる大闘争を展開した。

暗い混み合った会場では誰が押したかなど、わからない状態だったことを証明するために、彼は現場を再現すると言ってパーティー会場を再現し、映像に収めた。また、その壊れやすいグラスがどこから来たのか専門家に託して探し出し、結局フランスの片田舎産だということがわかった。さらに、そのガラスの強度を調べた。被害者のミニーが「恐怖に震え、精神的に困憊していて毎日の生活が営めない」と訴えているのに反駁するために私立探偵を雇い、その後、顔に何のかすりキズもない彼女がパーティーに出かけ、笑いこけている姿を写真に収めた。

そういった費用が莫大なものだったうえ、彼自身の一時間あたりの弁護士料は加算される一方で、事件が解決するまでのアスペンの滞在費、コロラドとニューヨークの往復の交通費などを合計すると、総額九十万ドル（一億一千万円）くらいかかってしまった。

ロスアンジェルスのインドネシア総領事館から電話があって、「何か援助が必要なら言ってください」と申し出てくれていたのだが、政府の申し出に恐縮した私は遠慮した。私はこれほど大変なことになるとは思わなかったので、「自分のプロブレムは自分で片づけます」と言って辞退してしまった。後で思えば、それが間違いだった。インドネシア政府の助けを借りるべきだった。

私はあくまでも裁判で戦い、無実、つまり事故であることを主張したかったのだが、弁護士はアメリカ流の司法取引に応じることを強く勧めてきた。

一九九三年一月二十二日の判決の日はものすごい吹雪で、デンバーからアスペンへ行く便がすべて欠航となり、飛行機をチャーターしなければならなかった。チャーター機の中で書類を見て驚いた。書き出しは「誰に強いられることなく、誰からの影響もなく、すべて私自身の決断」という言葉から始まっており、私は足ががくがくするほど驚いた。「えっ、司法取引とはこういうものなのか」と。弁護士に司法取引は受諾したくないと言うと、時すでに遅い、法廷時間を変えることは不可能ということだった。私の弁護士は陪審員を信じていなかった。私は今でも陪審員を信じ無罪を主張すべきだったと思っている。

弁護士は、たとえ有罪になっても執行猶予付きの罰金刑で済むとみていたのだが、実際の判決は、拘置所での二カ月の謹慎と百時間の勤労奉仕という思いがけないものだった。この謹慎というのは、朝の八時から夜の八時までは自由、夜は拘置所に収監されるというものだった。事故は事故でも、私がグラスを手にして追いかけていかなければ起きなかったということだった。つまり、あの行為は反射的なものではなかった、というのだ。

私は眠れぬほど怒り狂い、何か騙された気がして、「罪を認めることを『撤回』する」手紙を裁判長に出したのだが、今度は逆に偽証罪に問われてしまう危険があると言われた。

日本では「禁固二カ月」と報道されたため、檻の中に二カ月間、閉じ込められるという印象を与えたようだ。テレビ朝日が取材に来て、私が雪の中、道を歩いているのを見て腰を抜かすほど驚いた。夜になると収監された「拘置所」は個室で、リビングとベッドルームもあり、タイプライターまで置いてあった。いろいろなものを持ち込むことも自由だったので、シーツを買い換え、壁紙を替えて、お花を添えたりして、新しいアパートに住むような気分だった。

感激するようなこともあった。収監された最初の夜に、「面会です」と言うので、「誰一人知り合いのいないアスペンの町で、私を訪ねてくださるような人がいるなんて」と思って出て行くと、二、三度パーティーで会った程度の男性が会いに来てくれたのだった。私は思わず涙がぽろりと出た。翌日、クリスティン・ゲーシェルという女性が小さいバラの花が入った花籠を持ってきてくれた。アメリカ人の心優しさに心打たれた。長いアスペン滞在において、私は多くの愛すべき友人を得た。

結局、私は優等生とみなされて二カ月を待たずして三十一日間で釈放された。百時間の勤労奉仕は、アスペン環境センターへ行き、私の得意とする野生動物の絵を描いて絵葉書にしたり、土曜日と日曜日に教会へ行ってお掃除をしたりした。老人や子供の相手をしたこともあった。そういうところをテレビ朝日が取材していった。環境センターで奉仕をしたことがきっかけとなって、私はニューヨークへ戻ってから、国連環境計画（UNEP、ユネップ）のお手伝いをすることになった。

この事件は解決までに丸一年もかかり、私が刑期を終えてニューヨークへ戻ったのは、一九九三年三月のことだった。アスペンの拘置所から出たとき、国外退去になったとインドネシアの『コンパス』紙に書かれたが、それは誤報である。裁判中にアメリカのビザが切れ、本来なら国外に出なければならないところだが、裁判中なので出国は許されない。アメリカの法律が矛盾したことを要求していたのは確かだ。しかし結局、イミグレ（入管）は延長してもらった。

判決のときカリナは日本にいて、一連の報道に心を痛め、泣きながら電話をしてきた。「ママは大丈夫よ、あんまり心配しないで」と私は言った。ここ数年、口をきいていなかった彼女からの電話は嬉しかった。

その後しばらくして、カリナは日本での生活に終止符を打ち、ニューヨークの大きな広告代理店に入社が決まり、やってきたが、「私の年で、親と一緒に住む人なんていないわよ」と言い、かたくなに私と住むことを拒否した。独立心が強く、最初は自分の収入に応じたところに住んでいたが、泥棒にあったので、その後は五十七丁目の私のマンションの近くに住まわせた。

アラン・ポラックの「ライム・ライト」

アスペンの事件が終わったある日のこと、パリで私は一人の若いアメリカ人と不思議な出会いをした。彼の名はアラン・ポラック。背が高く浅黒い顔は美男子そのものであった。それはプリンセス・ポリニャックのパーティーで、その夜、二人の男性が二人のレディーに紹介されることになっていた。そのうちの一人、アランはイランの元王妃プリンセス・ソラヤに紹介されることになっていた。ところが、である。アランはソラヤ元王妃より私の方がいいと言い出したのだ。これまで私は私より年の若い人とお付き合いしたことがなく、若い恋人をもっているレディーたちを「年を取った証拠よ」とよく冷やかしたものだった。その私が二十二歳も若い男性と十五年間同棲することになり、それは何とつい最近まで続くことになったのだ。

それは彼がひどく私を驚かせたことから始まる。彼はケネディの名もマリリン・モンローの名

二人で旅行したのは、アムステルダムで行われた娘カリナの結婚披露宴が最後となった。彼は今アメリカの某宝石店で働いている。私がパリからニューヨークに移ったときジェモロジカル・インスティテュート・オブ・アメリカで勉強させ、ジェモロジストの資格をとらせてあげたのが役に立ったのだった。最近になって彼は「あなたと一緒のときが僕の人生のライム・ライトだったよ」と言った。

インディアンたちの癒しの術

アスペンでの裁判が終わるまでアメリカを出ることが許されなかった私は、その間をどうやって有効に使おうかと思案していた。そんなときアメリカ・インディアンの酋長たちと知り合う機会があり、何カ月か彼らと一緒に祭典に出席したり、メディテーション（瞑想）に参加した。

アスペンという町は人口八百人ほどの小さな町だが、スキーシーズンや、あるいは夏になると音楽祭など、さまざまなイベントが開催され、それはそれは賑やかになる。人口が突如二万人ぐらいにふくれあがるのだ。そうしたイベントの一つに、スピリチュアル・ワークショップというのがあった。インドのグルやインディアンのリーダーなど、いろいろなスピリチュアリストたちがやって来て、意見交換し、一つの言葉について論じ合ったりする。たとえば「感謝」という言葉をめぐって討論する。それは七つのフェーズ（段階）があると言って意見を述べあうのだ。

私はもともと「修行」のようなことが好きだった。それに、無実の罪で告訴されているという思いから、心の癒しを求めていたのだろう。私はこのワークショップに参加し、そこで出会ったインディアンの人たちとのメディテーションの場に心を惹かれた。

当時、アメリカ各地に四十五人のインディアンの酋長がいて、彼らがコロラド州へ集まって会議を開き、五日間ほど生活をともにするという。私は、当時借りていた大きな別荘を彼らに提供した。

インディアンには「神」という概念はなく、彼らのお祈りは「父なる天よ。母なる大地よ」という言葉で始まる。私はそれが大変気に入った。

メディテーションの体験の一つに、こんなものがある。

彼らのティピー（円錐形のテント状のインディアンの住まい）の真ん中に、直径一メートルくらいの穴が掘ってある。その中には真っ赤に焼けた石がいっぱいつまっていて、強烈なサウナ状態になっている。その周辺には香り高い薬草が畳のように敷き詰められていて、その上に穴を囲んで車座に座る。

メディテーションを司る笛の音色のあと、祝詞をあげる人がいて、一人一人心にあるもの、苦しみや悲しみや嘆きを告白していく。肌を突き刺すような暑さの中、息も絶え絶えの中で告白するのだが、耐えられなくなるまで外へ出てはいけない。耐えられなくなったら外へ出て、川や池にじゃぼんと入って身体を冷やしてからまた戻ってくる。そんなことを繰り返しながらメディテーションを続けるのだ。

祈禱師と介添人のもとで、こんな癒しの体験もした。

インディアンが伝統的に使っていたきのこや薬草で作った小さなお団子のようなものを口にしてから横になり、両手を床に置き、目を閉じる。頭がぼーっとしてきたところへ、祈禱師が祈りをつぶやき、「あなたの胸の中には、涙が湖のようにたまっている。すべての怒りを出してしまいましょう。それを身体中から大きな声にして出してしまいましょう」と言う。

「さあ大声を出しなさい……」と言われ、私は町中の窓にひびが入るのではないかと思われるほどの、ありったけの大声を出したつもりだが、実際に声が出ていたのかどうかはわからない。やがて自分が見たいと思っていた光景が出てきた。それは母と弟とスカルノと私が手をつないで輪となり、宙を舞っている姿だった。そのうちに寒くて寒くてたまらなくなり、それで自然に目が覚めた。死んでいるのではないかと思うような冷たさ。どのくらい長くそうした状態が続いたのか知らない。蠟燭のともされた薄暗いバスタブのお湯に長時間入って身体を温め、だんだん正常に戻っていった。

それから一週間くらい、悲しいこともないのに、一人で一日中、泣くという現象が起こった。とにかくとめどなく涙が出てどうしようもなかった。

薬草で丸めた団子は驚くような効き目だった。お湯が流れてぶくぶくしている自然サウナのような大きな洞窟の中で、これを少しずつ食べながら瞑想にふけることもあった。アメリカ軍がこの薬草団子をインディアンから入手して、犯人を自白させるために使ったことがあるそうだ。さらにそれを悪徳研究者がコマーシャル化して、ＬＳＤというものを作ったのだそうだ。

そのときのインディアンの人たちとの交わりの中で、私は面白い話をたくさん聞いた。

真偽のほどはわからないが、アメリカの法律や習慣は、インディアンの掟や伝統の影響を沢山受けているというのだ。アメリカの法律を作った四人のうちの二人（ジョン・アダムスなど）の家庭教師（ゴーバナー）はインディアンだったという。

東海岸にいたインディアンは農耕族で、中央アメリカにいたのは騎馬族で狩猟を中心にしていた。東海岸の農耕族のほうはおとなしく友好的で、白人が入ってきたときに色々なことを教えた。サンクス・ギビング・デーに七面鳥を食べるという風習は、インディアンのお祭りにあったものだそうだ。アメリカの地名にはインディアン起源のものが多く、「マンハッタン」はそこを統治していたインディアンの酋長の名前である。

私たちが子供の頃に見たハリウッド映画に出てくるインディアンは、恐ろしく、悪いイメージで描かれていた。ところが実際に会って話をしてみると、彼らは穏やかで優しく、殺生とは無縁の、平和的な人たちばかりであった。この人たちがなぜ白人と戦争を起こさなければならなかったのかと考えると、やはり、それは、白人側の欲望のなせる業だったのだと思う。アメリカの各地で金鉱が発掘され、石油が出た。そのたびに白人と結んだ条約は勝手に破られ、インディアンは追われることになったのだと思う。

アフリカの西海岸から連れてきた黒人奴隷たちには最終的に市民権を与えたのに、インディアンには与えていない。市民権がないため銀行の借り入れもならず、商売もできない。彼らをリザーベーション（居留区）という地域に閉じ込めてしまっている。そのうえ彼らは遺伝的に一切のアルコールを拒絶する体質であるにもかかわらず、ビールを毎日飲まされ、破滅の一途をたどることになる。生きるというモチベーションを失った人たちさえいる。そしてリザーベーションは孤立した場所にあるため、白人たちはその中でカジノを開き、利益を追求したのである。

ニューヨークでの生活が戻ったある日、国連環境計画の北米局長だったジャマイカ系のブラウン博士とダコタ族の酋長を東京にお招きして、国連環境計画のための慈善パーティーをホテル・オークラで開催したとき、アスペンの環境センターで私が描いた水彩画三十七点をオークションして、その売り上げ十万ドルを先住民のために国連に寄付した。

そのことがきっかけで、私は国連環境計画の顧問となることを依頼され快諾した。先住民の権利と保護、消え行く生態系の保護、熱帯雨林の保護、人間社会環境の改善の促進という環境問題と取り組むことになったのだ。ボランティアであり無給だが、私は日本へ戻ってくるまで、この正式なポストを、喜びをもってお手伝いした。

写真集『秀雅』の反響

絵を再び描き始めるようになって、私の中に眠っていた芸術性が頭をもたげてきた。

ある日、知人の紹介で、「写真集を出しませんか」という誘いを受けた。私は以前から、一度自分の写真集を作っておきたいと思っていた。恥じらい、悲しみ、つらさ、怒り、嫉妬といった、女の人が一生で味わうさまざまな感情を、写真を通して描きたいと思っていたのだ。

そこには、菊池寛の世界に描かれる情緒あふれる女性、『明治一代女』に出てくる女たち、マクベス夫人のような策謀にたけた怖い女性、カシニョール的な絵のモデル、オードリー・ヘップバーンが演じるような水の精、浮世絵的な情景も入れてみたい。そしてデヴィ・スカルノの日常をとらえた写真も入れたい……。

自分の身体がカメラの視線に耐えられるあいだに自分の姿を収めておきたいという願望もあって、こういうお話があったときに、お受けしておいてもいいかなと思ったのだ。

そしてまた、私はスカルノという名前を脱ぎ捨て、新しい人生に踏み出していきたくもあった。一九九〇年頃のこと、ホテル・オークラの部屋でテレビを見ていると、日本で百歳を超えた人が四千五百人（今は四万人）いると言っていた。これを知ったとき、私は飛び上がらんばかりに驚いた。今私は五十歳、これからさらに五十年生きられるのなら、まったく新しい人間として、過去を断ち切ったライフを送ってみたい、何か革命的なふんぎりをつけておきたいとそのとき決心したのだった。

写真集は、内容ごとに四話にして、タイトルを『秀雅』とした。徒然《つれづれ》なるままの遊び心の、遊ぶという字に優雅の雅と書いて「遊雅」。心のゆとり、余裕の裕という文字に雅と書いて「裕雅」。

そして美しいものを見ると人の心が優しくなる、その優しいの優という字と組み合わせて「優雅」。この、「遊雅」「裕雅」「優雅」の究極を「秀雅」となす、という造語を私が作り、自分の人生はそうありたいという願望をこめて、これをタイトルとしたのだ。

撮影は藤井秀樹。東京、京都、バリで撮影し、一九九三年十一月に発売された。初版で十五万部も刷ったが、売れ行きは上々だった。だが、まさかその本の出版が大ニュースとなってインドネシアに届くとは思ってもみなかった。そして、あれほど激しいリアクションが起こるとは思ってもいなかった。

日本だけの出版であったにもかかわらず、ニュースとなってインドネシアに飛び、大騒ぎとなったのだ。

インドネシアは国民の大多数が大変リベラルなイスラム教徒であり、欧米と変わらぬ服装をしているが、なかには、女性は手首と顔以外の肌を外にさらしてはいけないというほど厳しい考え方をする人もいる。雑誌『プレイボーイ』のインドネシア語版が、諸外国よりはずっとモデレートな写真を掲載して発売されたが、それでも大反対にあって発禁になったくらいであるから、そのような国へあの写真集が入っていったら、それは確かに大変なセンセーションを呼び起こすだろう。

ニューヨーク生活の最後の頃だった。一九九七年七月にジャカルタで Nawaksara（スカルノの弁明演説）についてのセミナーが開催されると聞いて、私はその主催者であるＢＰ─７会長のアルウィ・ダーラン氏宛に書簡を送った（九・三〇事件についての意見を述べたもの）。

日本でテレビ出演

パリやニューヨークにいた頃、日本の芸能人の方々やテレビ局の関係者との接点が少しずつできてきた。今は朝の番組で司会をしている関口宏さんがハネムーンでニューヨークにこられたとき、頼まれて接待したことがあった。電通の方が石田純一さんを、私のリッツ・タワーのマンションに連れてこられたこともあった。

二〇〇〇年頃からか、日本のテレビ局からお声がかかって、さまざまな番組に出演することになった。一九七〇年代には、テレビ朝日がパリとインドネシアまで取材に来て、「デヴィ夫人涙の告白」という九十分番組を作った。その後、田原総一朗氏の司会で「大海の華」という百二十分番組も作られた。さらに日本テレビが「デヴィ夫人、素敵無敵貴婦人の素顔」という番組を作った。それらは元大統領夫人としての私を取材したものだが、今度は私がタレントとなってテレビ番組に出演することになったのだ。

そのきっかけは、日本テレビの美川憲一さんとの〝壮絶バトル〟だった。そしてフジテレビの「愛する二人別れる二人」という番組である。和田アキ子さんが司会をする「怪傑熟女！　心配ご無用」という番組でレギュラーとして批評やアドバイスをする愉しい仕事もあった。

何が受けたのか。強いて言えば、誰にも遠慮することのない私の発言だったようだ。

私はつねづね、こう言っている。

「一番の贅沢は完全独立よ、精神的に、経済的に、物理的に独立していることよ。自分の上に誰もおかず、義理もつくらないことよ」

私の精神構造は、一九五九年に日本を出たときのままになっているので、〝浦島太郎〟の私にはニートだとか、フリーターだとかいう日本の若者の生き方が、どうしても理解できなくて、彼らのことを番組の中で本気で怒ると大いに受けたらしく、テレビ局から次々と出演依頼がきた。何に対してもハッキリものを言って、厳しく批判すると、それがさらに受けた。

番組に出始めて二年間くらいは、ニューヨークに本拠を置き、月に二度日本へ来て、まとめて何回分かの番組の収録をしていた。しかし、次第に荷物が増えたため、ホテル住まいをやめて、最初は高輪に小さなマンションを借りて滞在していた。その後は御殿山に家を借り、そのすぐ近くにオフィスも借りた。

しかし私は、両方に払うお家賃をバカらしく思い始めた。日本での仕事がどんどん増えて滞在期間も長くなり、友人も増え、私は日本での生活を楽しむようになっていった。そして本格的に日本に住み、活躍したいと願った。そこで私は住居とオフィスを兼ねた住宅を探し、今住んでいる松濤神山町の家を購入したのである。ニューヨークのマンションはまだキープしているが、今では日本で過ごす時間のほうが圧倒的に長くなった。

テレビ出演のほかに、私は色々なビジネスに着手した。独自のブランドの化粧品を商品化して販売もしている。私はインドネシアへ行く前から従兄弟に特別注文で作ってもらっていた化粧品があった。彼はある化粧品会社のラボラトリーに勤めていて、その道の専門家なのだ。講演などの折に、しばしば若さと美貌の秘訣は何ですかと聞かれ、続いて化粧品は何を使っていますかと必ず聞かれ、そのたびに「〝マイ・コスメ〟を四十年間使っています」と答えていた。このことを従兄弟に話すと、それならその化粧品を商品化しよう、ということになったのだった。

私は宝石が大好きである。私が大統領からいただいたサンスクリットの名前が「ラトナ・サリ・デヴィ」。すなわち「宝石の精なる女神」である。宝石をデザインすることも大好きで、カルティエやバンクリーフ&アーペルに私のデザインを特別注文して作らせていたこともあった。幼い頃から絵を描くことが好きだった私は、その特技を生かして宝石のデザインにも着手し、現在は「ビザンテ」というブランドで売り出している。このほか、年四回ほど、さまざまなイベントの演出を手がけ、秋には「日本赤十字社」と「難民を助ける会」のためのチャリティー、続いてクリスマス・パーティー、二月に「バレンタイン・アクアリュース・パーティー」、春に「花と宝石の饗宴」なるものを開催している。

これからの私

今私は二つのことに力を入れている。その一つはチャリティー・イベント。主に難民のためである。世の中には沢山のチャリティーがあるが、私は起教派であり、政治の犠牲者である難民を救うことを選んだ。世界には生まれ育った国を追われ、飢えと寒さに身をさらし、明日をも知れぬ人々がいる。私はスカルノ大統領から学んだこと、すなわち人種、国境、言語、宗教、歴史を超えて世界が強い人道愛で結ばれ、平和がくることを願っている。

もう一つは、私が名誉会長をつとめるニューヨークのイブラ音楽財団である。この財団は今年で十八年目を迎える。パリに住んでいた頃、片田舎のオーベルジュで鳥肌が立つほど素晴らしいソプラノに出会った。彼女に「なぜこんなところで歌っているのか」と聞くと、「貧乏で音楽院にも行けず、コンクールに行きたくても旅費もなく、著名教授の推薦もなく、歌うことだけが命なのでここで歌っています」と。

私は友人のピアニスト、サルバトーレ・モルティィサンティ教授とともに、彼の故郷であるローマ帝国時代のシチリアの古都イブラの名をとってイブラ音楽財団を設立した。そして「どの音楽大学を卒業したか問わない、どの音楽財団に所属しているか問わない、年齢を問わない、推薦状は一切いらない、今日現在あなたがエクセレントであるなら、『イブラ・グランド・プライツ』のコンサートにおいて入賞でき、ニューヨークのカーネギー・ホールとニューヨーク大学の『カサ・イタリア』などでのコンサートを通して発表する」として、音楽家たちを世界に紹介し、彼らの育成に力を入れている。

私は沢山のミステークを犯し、そのつど自責と悔恨の念にかられた。ただ、そのときはいつも夢中であり、絶頂にいたのだ。人は常に何かを対象にして模索しつづけるものなのか、私にはまだまだ仕残していることが沢山ある。私は百五歳まで生きるのが目標だが、百歳、つまり一世紀生きられれば満足かしらと思っている。あと三十年あれば色々なことができる。絵がたまったら個展を開きたいし、今、四歳の孫のフレデリック・キランの成長も楽しみだ。

あとがき

私は、戦争と貧しさの経験を得たことを幸せだと思っています。
悲惨な戦争は、私たちに生きる尊さと、平和を願う心を強く根付かせてくれます。
貧しさというのは、素晴らしい天からのギフトであり、
イデオロギーやパワーの素となるエネルギーをくれます。

いつも世界を飛び回り、今日はパリからモンテカルロへ、そしてニューヨークへと、
いつも素敵なドレスに身を包み高価な宝石をつけ、豪華な毛皮をまとい、
社交界で楽しく遊んでいる感じで、
デヴィ夫人ってとてもラッキーね、と言われるのは心外です。

私は、人の三倍　勉強して
　　人の三倍　働いて
　　人の三倍　努力して
睡眠は人の三分の一で来ました。そして今でもそうです。

人間は誰にでも必ず、一生に何回もチャンスを与えられるのです。
しかし、それに気づかない人があまりに多いのです。
その人たちとは目標や目的、使命感を持っていない人たちです。

気がついたら、それを摑む！
摑んだら、自分の全ての能力と時間をつぎ込んで、
英知を発揮し、努力して成功を維持する。
成功を摑んだら、今度はそれをいかに維持するか。
維持するほうが、成功を摑むより難しいのです。

自分を不幸に思う人がいたならば、
自分よりもっと不幸な人がいることを知りなさい。
この世の中には限りなく不幸な人がいるのです。

人は生まれ落ちた時から、
生き抜かなければならない業《ごう》を背負っているのです。